H. CHAB…

…NOBLE-CŒUR, C. TO…

AUTEUR

…ASION DE L'ILE …

PRÉFACE

… FRANÇOISE GUEZ, SA …

L'ignora…
L'instruction…
La nuit…
Le jour…

PRIX : … FRANC…

EN VENTE

…EUR, A POUILLY…

GUERRE

A L'IGNORANCE.

PARIS. — TYPOGRAPHIE WALDER,
Rue Bonaparte, 44.

GUERRE A L'IGNORANCE

PAR

H. CHABANNE

DIT Nnais NOBLE-COEUR, C. TONNELIER D. D. D. L.

AUTEUR

DE L'ÉVASION DE L'ILE DU DIABLE

PRÉFACE

PAR FRANÇOISE GUEZ, SA FEMME.

> L'ignorance, c'est la nuit,
> L'instruction, c'est le jour.
> La nuit cache les précipices,
> Le jour vous les montre.
>
> H. CHABANNE.

PRIX : 2 FRANCS.

EN VENTE

CHEZ L'AUTEUR, A POUILLY-SUR-LOIRE (NIÈVRE).

1867

PRÉFACE

Sous ce titre, une Préface, j'exerce une vengeance; qu'on ne cherche pas autre chose. Dénoncer les menteurs, justifier l'innocent, voilà pourquoi j'ai voulu écrire aussi.

Je vais donc, en quelques lignes, dire ce que je sais de la personne qui m'intéresse à tant de titres : cette personne, c'est mon mari; dire ce qu'il aime, raconter en quelques lignes ses passions dominantes; et c'est sous ce titre : *Une Vengeance*, que vous lirez cette Préface.

UNE VENGEANCE.

Ce qu'il aime, sa promenade favorite, c'est le château du Nozet. On l'a rarement vu ailleurs; il l'aime. Pourquoi l'aime-t-il? Je l'ignore. On y trouve, au printemps, le lilas, l'acacia, les roses et mille autres fleurs parfumées. Il s'en vient parfois, presque tous les jours, chargé de fleurs des champs. Il est peu de jours qui ne l'aie vu visiter ces lieux. Il y a de l'eau, des cygnes, des chants d'oiseaux, du soleil et de l'ombre, une vaste prairie bordée de grands peupliers, des coteaux de vignes, de vastes promenades de tilleuls, des saules pleureurs, des allées tortueuses, sablées; est-ce un souvenir d'enfant, de jeunesse? Est-il en ce lieu quelque mystère de sa vie? cela est probable; mais, chose certaine, il est en ce lieu pour lui une chose vivante, une âme, mais une âme qui a sur lui toute puissance; elle l'attire, l'entraîne, l'emporte comme le vent fait d'une feuille; elle l'attire comme une proie attire celui qui doit trouver sa vie en elle. Il y a pourtant du monotone, des croassements insupportables, un bruit de chute d'eau qui lui déplaît, dit-il; mais tout cela n'est probablement que l'épine de la rose, que la griffe ou la défense naturelle de l'être adoré.

Son haleine est embaumée, une plaine merveilleusement fleurie, une symétrie, un caractère un peu sauvage et à la fois civilisé. Des fontaines, des horizons, du bruit et du calme; des voix, des échos, des joies, du délire, mais surtout de la solitude, solitude qui est pour lui la méditation. Il fut calme avec son calme; agité comme la feuille au moindre vent; il fut joyeux avec ces joies, mêla sa voix à tous ces chants, à toutes ces harmonies, à toutes ces espérances. J'entendis prononcer des mots d'amour, de femme, de danse, d'un être aimé.

Oui, c'est cela, une femme.

Et une deuxième preuve, c'est ce document écrit en attendant cet être aimé :

UNE VOIX.

Est-ce bien possible que tu ne viendrais pas seulement une minute pour le calmer un peu, pour combler un gouffre si profond dans lequel son âme tombe sans cesse : l'amour de toi. Comment ton indifférence peut-elle être si grande? Oh! si son amour est un fardeau pour toi, parle vite, viens le dire et qu'il en fininisse avec la vie. O Dieu! toi qui lui a mis cet amour au cœur, pourquoi? parle! Pourquoi cette femme qui fait tout son bonheur et tout son mal, pourquoi ne l'aime-t-elle pas autant qu'il l'aime? Car elle viendrait. O Dieu juste, ô Dieu bon! ô douce beauté, ô douce grandeur! C'est pourtant bien toi le maître! Souffle donc dans son âme et qu'elle l'aime! Tu vois bien que sans elle il est sans courage et sans force; que c'est elle qui constitue tout son être; elle est son sang et son âme! Regarde son exaltation, sa misère, son désespoir.

Crois-tu enfin (abaisse-toi jusqu'à ta créature), crois-tu qu'il puisse vivre de la sorte, éloigné d'elle? Tant la chérir! attendre toujours, et toujours avec la même patience! mais avec le même délire!! En vain il cherche autour de lui; en vain il appelle comme un désespéré; il court partout dans le bois, se désole, se tord les bras, soupire, sanglote et pleure, et c'est toujours la solitude.

Puisque Dieu ne lui répond pas, ô Marie, n'entends-tu pas ce cri de détresse qui lui part de l'âme (car l'âme pressent); peux-tu, sans être mille fois injuste, ne lui pas apporter un peu de ta présence pour calmer un mal qui le dévore depuis si longtemps? La pluie, le vent, le froid, la faim, la soif, tout l'a frappé; toute distraction est de trop, il veut constamment te conserver dans sa pensée; toi seule, toujours toi, ô ange! ô femme, mille fois aimée et mille fois ingrate! dit-il. Oh! non, que dis-je, ta bonne âme ne doit pas être ingrate. Quand je me souviens avec quelle ardeur tu me cherchais; tes baisers étaient tout feu, tout délire, tout frémissements. Oh! oui, va, je suis bien injuste en t'appelant ingrate, pardonne-moi donc! Mais si tu pouvais venir, ô ma Marie aimée, mes chers yeux bleus, blonde comme une fille d'Allemagne! mon éternel amour! mon unique baiser! Comme tu te jetterais dans mes bras ! N'est-ce pas, ce n'est point une illusion, ce n'est point un rêve, tu existes bien, tu m'aimes? Je n'ai point de fièvre ! Et cependant tout son être s'irrite, le calme ne dure qu'un instant, et puis son délire recommence. Oh ! torture, oh ! désespoir, et tu ne viens pas? L'impatience le dévore; tu ne sais donc pas le mal qu'on souffre à t'attendre, oh ! sa douce, oh ! sa blanche colombe, comme il t'appelle. Il voudrait plutôt pouvoir te haïr, t'accabler d'injures ! Mais, non ; il préférerait mourir ! Oui, mourir. Quand donc ? Il serait si heureux de mourir avec son bon souvenir appuyé sur son cœur ! Mais viens plutôt, Marie ! C'est sa voix qui t'appelle; elle avait sur lui tant de charme ! Et le moindre bruit lui laisse croire que c'est toi ! Il lui semble entendre des voix, mais ce n'est qu'un long bourdonnement d'insectes ! Toujours rien ! oh ! désespoir ! Il a froid ! Les quelques rayons de soleil qui percent les arbres qui le couvrent, ni ses courses dans le bois ne lui suffisent pas pour le réchauffer. Partir déjà ! partir encore, sans l'avoir vue, sans l'avoir embrassée, oh ! triste misère ! oh ! adorable amie, il est brisé par toi, mais il t'aime pour toujours ! et il part en faisant un adieu à ces doux lieux qu'il aime. Adieu encore, bois mystérieux, où, pour la première fois, elle m'a livré son âme! premier jour de délire: charme qui reçoit ce mot mystérieux, cette douce inscription, toi, qui souffre avec l'amant qui la grave sur ton écorce, immortel souvenir, adieu! Adieu, pauvre banc, où mon âme se déchire. Adieu, douces allées, qui connaissez mes larmes et ma douleur! Bois, immortelle nature, adieu, peut-être, pour la dernière fois!

Et, les yeux pleins de larmes, il quittait le lieu qui eût fait son délice si son cher amour était venu un instant; la moindre démarche lui était une preuve qu'on l'aimait, et cela devait lui suffire. Une voix l'appela; quelqu'un l'écoutait : Pauvre altéré d'amour, dit cette voix, la soif d'aimer est donc bien brûlante pour que tu te désoles ainsi! Pourquoi t'attacher de la sorte à de si indifférents objets! Insensé! cœur faible et tendre né pour souffrir, qu'attends-tu donc? Oh! parle-moi, je ne comprends pas bien, car enfin ce n'est qu'une femme.

Oh! oui, c'est une femme, et c'est pour cela que j'aime et que la femme c'est tout, et surtout la femme aimante comme l'est celle que j'attends encore, et que je viendrai encore attendre demain jusqu'à ce qu'elle soit venue. Me demander pourquoi je l'aime, c'est me mettre dans l'impossibilité de répondre; mais je l'aime à la folie, je me consulte, je cherche à me souvenir de mes rêves d'enfant, de ma plus tendre jeunesse, de cette douce éclosion de mon cœur au contact du premier baiser.

Oui, j'avais bien des éblouissements, des transports, la fièvre; plus d'une fois le délire s'empara de mon être : à l'indifférence je payais d'amour. Les joies, les sourires, les épanouissements se précédaient: c'était une sensation profonde, une chaleur plus douce que la chaleur du soleil au printemps, plus suave que le chant et les joies du rossignol amant fou des éclosions, des solitudes et de l'ombrage. J'ai fait mille courses pour rencontrer un instant ces objets mille fois aimés, dont l'haleine m'était plus douce que tous les parfums les plus suaves des fleurs les plus nouvelles; je sentais parfois mon âme défaillir d'excès de tendresse, et le soleil me réchauffa plus d'une fois sur l'herbe froide de la nuit où la fatigue m'avait endormi.

Je me suis plus d'une fois abreuvé de mes brûlantes larmes. Oh! chers souvenirs, revenez tous, car vous me servez de terme de comparaison; et c'est par vous que je sens combien la passion me domine pour cette femme, que dis-je! non, tu n'es point une femme comme les autres, tu es un autre être! tu es quelque objet divin jeté sur la terre pour faire naître quelque grand amour, quelque grande idée, quelque douce et profonde inspiration; tout devant toi, oh! chaste colombe, doit plier le genou, comme devant une grandeur infinie, la majesté suprême infiniment vénérée. Tu es beauté, tu es délice, tu es joie, transport, délire, douceur, agneau et colombe! Tous les mirages les plus séduisants n'ont aucun éclat, aucun pouvoir devant toi, soleil éblouissant de tout ce qui attire, charme, fait rêver, aimer, tressaillir dans toutes les joies infinies de terre et ciel! Oui, depuis la terre jusque dans les profondeurs de l'immensité, l'être plus doux, plus puissant, soit par le regard, soit par la parole, soit par le silence est encore à naître.

Calme des nuits, calme des âmes, calme des bois: toi, avec tes étoiles et tes silences; toi, avec tes vertus et tes espérances; toi, avec tes bruits et tes chants, et ton harmonie; non, vous n'êtes point susceptibles de faire naître d'aussi doux ravissements en mon être attendri. Toutes ces beautés, toutes ces grandeurs, toutes ces harmonies ne sont que le crépuscule de cette aurore, de ce jour, de cet éblouissant soleil. Et dire qu'il m'a réchauffé! oh! joie ineffable! il a daigné briller sur mon être et réchauffer mon cœur, mon âme! Je l'ai vu, je l'ai senti; il m'a ébloui, brûlé, mais il ne m'a point consumé; mon corps s'est affaibli, mais mon cœur et mon âme ont grandi et se sont repris de jeunesse; la tendresse de l'âme domine la faiblesse du corps qui semble ne pas exister tant elle est plongée dans d'ineffables ravissements.

Et c'est après huit jours de retour, dit la voix, à cet éternel rendez-vous où ton amante ne vient pas, que tu prononces ces immortelles paroles d'amour!

O être trop confiant, trop fidèle, le monde rira de tes aveux? Aimer et le dire par le temps qui court, c'est être coupable ainsi que le penser et l'écrire; surtout aimer vrai et penser juste, car la vérité ni la justice n'habitent pas encore la terre; vois, devant toi, tous ces chercheurs, tous ces penseurs, ce sont autant d'êtres condamnés et martyrisés par les hommes : voilà pourquoi, toi aussi, tu seras condamné et sacrifié pour ton immense amour. Garde tes larmes secrètes, étouffe ta chaste passion dans les profondes solitudes; des unes on rirait, de l'autre on s'irriterait, car tous ceux qui, à cette heure, n'appartiennent point encore, soit à l'amour, ou à la science, ou au bien qui est Dieu, appartiennent à la haine, à la jalousie, à la routine ou au mal qui est Satan! Ainsi donc, la société ou l'humanité en est encore à la routine, c'est-à-dire au règne de Satan. Oui, c'est encore le règne de l'intolérance, le règne de la nuit!

Cependant, tous ces êtres intelligents, tous ces trouveurs de vérités, tous ces chercheurs de bonheur, ces immortels amants de la nature; tous ces martyrs sont l'aurore du jour, les premiers rayons du soleil civilisateur qui jettera bientôt sur l'humanité la douce chaleur civilisatrice qui ennoblira toutes les consciences, apaisera toutes les haines et fera éclore l'amour, l'harmonie dans l'humanité.

Et tout ce que je dis, ô mon triste patient, n'arrête point la source de tes larmes : ta douleur est donc profonde comme l'espace; pourquoi ne te pas calmer?

Parce que si je ne sentais point cette douleur, je n'aurais plus ce divin, ce chaste amour au cœur, et que si mes larmes cessaient de couler, je n'aurais plus rien pour le rafraîchir; la preuve de sa puissance, de sa grandeur aurait disparu. Oh! non, que mes larmes ne tarissent jamais, que ma douleur ne s'arrête pas. Je vous aime, ô vous, larmes et douleur, sœurs inséparables, consolatrices mutuelles aussi indispensables l'une à l'autre que moi et mon amour!

O Marie, viens! ou toi, Dieu, fais-moi mourir! Ce qui est pire, c'est de pouvoir la voir et ne la pouvoir toucher; et il n'y a, pour barrière, que la crainte de la perdre.

Adorable imprudente, ne pas venir! Oh! tant que j'aurai ma raison, ne crains rien! mais si, dans cet effroyable délire, je la perdais : alors la folie... je ne réponds plus de rien.

Imprudent! calme-toi! en vain tu t'irrites, en vain tu appelles! il ne te reste que ta douleur et ton âme flétrie au milieu de ce silence mystérieux.

Auprès du gros chêne, après lequel est une vierge appuyée sur une console où quelques malheureux amants vont sans doute pleurer quelquefois, ton âme s'est rapprochée; si tu avais cru à la prière, tu l'aurais invoquée; mais non, tu n'as même plus cette foi qui soulage tant de malheureux.

Mais au moment d'un profond désespoir, l'âme de l'amante avait senti son mal, et, le huitième jour, elle lui porta le baiser qui le rendit à la vie.

Le temps n'a rien refroidi et son âme reste constante, on le blâmera peut-être; mais moi qui le vois et l'entends, à qui il confie tous ses secrets, comme à lui-même, je le plains et l'absous; il aime, il a une âme puissante, absorbante, insatiable, brûlant tout ce qui l'approche, consumant tout sans elle-même s'apaiser. Ah! vous ne comprenez pas, vous, âmes froides; eh bien! tant pis pour vous. Cela prouve que le feu divin qui le nourrit n'a point pénétré en vous. Ce n'est point le même breuvage qu'il vous faut, natures froides, il vous faut des breuvages brûlants qui vous enivrent pour vous montrer le bonheur. Lui, nature brûlante, il lui faut l'eau des fontaines, la fraîcheur des bois des solitudes, pour modérer la sienne qui serait trop tôt consumée. Il vous faut du bruit pour vous distraire, il lui faut du calme pour se recueillir. Ne le regardez pas, vous ne le connaissez pas; ne l'interrogez pas, il ne parle pas comme vous, il ne pense pas comme vous; car il parle le langage de la nature, de la vérité qu'il fréquente et qu'il aime, il est libre comme elle, doux comme elle, ayant foi dans sa force, ne s'effrayant même pas de l'orage qui plane, gronde et mugit sur sa tête, il remonte et brave le courant ridicule qui vous entraîne, l'habitude, la routine. Brisez avec l'ignorance, parlez-lui instruction, science, logique, il vous écoutera, il vous admirera, il se fera votre disciple, votre écolier. Voilà ce que vous ne faites pas, voilà pourquoi il y a tant de différence dans votre manière d'être et dans la sienne.

Ainsi, c'est après dix-huit années de réflexion, de méditation, du travail le plus opiniâtre, le plus laborieux, dont six années de prison et d'exil et deux années de maladie au retour.

C'est après avoir moi-même reproché à cet homme qu'il ne s'occupait pas assez de sa famille et qu'il me répondait toujours qu'il n'en connaissait qu'une, la famille humaine, que j'entends un murmure qui s'élève contre une existence vouée au bonheur de ses semblables!

Eh bien, vous qui calomniez, montrez donc vos titres pour être aussi injustes à son égard.

Moi, témoin de ses veilles, de ses inquiétudes, moi, la dernière des illettrées, c'est moi qui vais me charger de le défendre puisque le sens commun ne s'en mêle pas. Je n'ai besoin pour cela que de fouiller ses correspondances; je vais trouver des hommes qui l'ont connu depuis près de vingt ans et qui vont vous dire eux-mêmes, en le revoyant, ce qu'ils pensent de lui; c'est en groupant toutes ces lettres, toutes ces feuilles jetées dans une boîte où l'on ensevelissait tout, que je vais trouver toute cette existance vouée à une idée, à un principe, la recherche de la vérité, de la solidarité.

Que de plaies, que de maladies il a guéri, maladies physiques, maladies morales. Il m'a moi-même rendue solidaire de son dévouement à soigner les maux d'autrui, ainsi que ses enfants qui lui servent d'auxiliaires dans cette pénible tâche d'infirmier des douleurs publiques. Ils apprennent déjà que le vrai catéchisme de l'humanité, c'est la médecine, c'est la science.

C'est après avoir semé des chants d'espérance, des chansons fraternelles, des conseils salutaires dont vous trouverez plus loin l'interprétation; c'est après avoir essuyé toutes les humiliations, fait tous les sacrifices qu'on vient lui dire: Fainéant!

Fainéant! lui qui, dans la construction de la maison qui devait servir de siége social à une société de consommation qu'il avait mis une année à organiser, a fait une partie du travail, démolition, terrassements, remuer et empiler des quartiers, faire le mortier, maçonner, ajuster, percer et poser des solives en fer, poser des solives en bois, poser de la charpente, travail du couvreur, peinture; partout dans ces circonstances, sa vie fut en danger, puisqu'on disait qu'il se tuerait dans ce travail, qu'il n'en profiterait pas.

O injustice!

Vous n'avez donc pas de mémoire, sorte de barbares, sots et ridicules railleurs.

Vous vous inclinez devant le moine fainéant qui mendie, prie et fait déroger l'intelligence; vous insultez l'homme qui pense, instruit et chasse l'ignorance.

Fainéant! cet homme, parce qu'il est cafetier et qu'il a trouvé mille entraves dans une noble entreprise où il échoua! Ses collègues de Pouilly, trois autres cafetiers plus jeunes, conséquemment plus robustes et qui n'auront jamais ces revers, heureusement pour eux; sont-ils des fainéants, ceux-là? Certainement non, ils font leur métier!

Il était à peine rétabli qu'il fonde une association dans le but, disait-il, que la fortune publique soit mieux répartie; que le produit reste à prix de revient à l'ouvrier qui le produit, qu'il se constitue un bien-être assuré par l'économie et l'épargne; qu'il s'élève et s'affranchisse de l'impôt mercantile qui pèse sur lui, secoue le joug du maître en prenant l'esprit d'initiative et devienne de cette façon un homme libre.

Il sacrifie une maison dont il venait d'hériter de sa mère, il donne tout à la collectivité. Tout était sur le point d'être fondé quand quelques renégats, bien connus aujourd'hui, gens sans cœur, traîtres qui venaient chaque jour et à tout repas faire, disaient-ils, une visite d'amitié. Traîtres et hypocrites, C. P..., deux ridicules personnages. Venez donc, sots calomniateurs, sortes de Judas, venez donc en dire du mal!

Tel autre, la soi-disant âme de la démocratie locale, donne publiquement un soufflet à un homme parce qu'il était membre de l'association qu'il avait fondée, toujours dans le but de détruire la seule ressource de la démocratie, le groupement des petites épargnes qui seules peuvent accroître la fortune publique.

Quand, dans une longue discussion avec Perdiguier, que vous trouverez plus loin, sur l'amitié à laquelle il ne croyait plus, disait-il, n'avait-il pas raison? C. P... et autres qui venaient chaque jour à la maison, à ce titre d'ami, ne sont-ils pas les premiers qui firent leur possible pour le faire échouer, et ainsi causer sa ruine? Il a donc raison de ne croire qu'à la solidarité, à la réciprocité; quoiqu'il soit sévèrement blâmé par Perdiguier, il a encore une fois raison de ne pas croire à la vulgaire amitié.

Parce que lui, l'enfant de la nature, l'artiste, le poëte (cette appréciation n'est pas de moi; je n'aurais pas le droit de le qualifier ainsi, elle est d'un autre plus compétent, car il fut nommé trois fois représentant du peuple), lui qui n'a jamais rien appris, dis-je, et qui devine presque toute chose; lui, le voyant, et vous les aveugles; lui, qui traîne sans s'émouvoir la fange de votre mépris, et qui devrait s'élever sur les phrases fleuries trop justes de votre louange; lui, que rien n'a amolli, que rien n'a changé. (Ceci est l'opinion de personnes qui vont suivre cette préface.)

Lui, qui ne resterait pas une heure sans s'instruire

pour aller le transmettre de suite à ses concitoyens, étant trop convaincu que la guerre à l'ignorance est le seul moyen d'arriver à l'affranchissement universel.

Lui, qui, en voyageant se distingua toujours, soit dans son travail où il fut le premier, soit dans ses chansons fraternelles qui ne contribuèrent pas peu à l'union entre tous les devoirs; on a dit de lui (appréciation exagérée), qu'il n'y avait qu'un homme dans sa société et que c'était lui, soit dans ses bonnes relations avec tous ceux de sa société qui, en le recevant compagnon, le surnommèrent Noble-Cœur, nom qu'il n'a jamais fait mentir, que je sache au moins.

Ses deux frères, à qui de près comme de loin il avait témoigné tant de sympathie, qu'il avait pour ainsi dire immortalisés en leur donnant (dans un livre qu'il publia récemment) un caractère qu'ils n'avaient pas, le fuient au lieu de le suivre, lui nuisent au lieu de lui aider, le méprisent au lieu de l'estimer. Un frère, Cousin (puisqu'autrefois, quand il avait souvenir du soin qu'avait pris pour lui le frère Cousin dans son enfance, c'était ainsi qu'il signait toutes ses correspondances), eh bien, il le fuit aussi.

Oh! si la justice parlait! ô consciences! vous ne vous révolteriez pas?

Mais, voyez avec quelle sérénité il accepte votre mépris, voyez comme il s'en plaint sans colère; avec quel calme il vous flagelle, comme son mépris est aussi élevé que son caractère, comme il se dérange peu de sa route malgré les voix qui lui crient gare! Comme il est sûr que sa voie est bonne et qu'il doit être dans le vrai pour être aussi tenace à ne pas retourner sur ses pas!

Parce qu'il va visiter les oiseaux, les champs, les bois, les fleurs, la nature qu'il aime enfin, parce que tous les jours il conduit ses enfants à ce concert universel, cela vous déplaît! parce qu'il les met chaque jour en relation directe avec l'infini, qu'il les éloigne des petites choses pour les conduire aux grands enseignements, vous le méprisez! Comme il méprise votre mépris, lui, si fort. J'ai seule à en souffrir, moi, sa femme, parce que je suis faible, mais cependant le peu de haine que j'ai dans le cœur me fait du bien. C'est une sorte de soulagement; j'éprouve, à quelque chose près, l'effet de l'amour.

J'ai parlé de l'infini, oh oui! Ces mille et mille joies du matin, ces harmonieux concerts, et de chants, et de couleurs, et de formes, leur en diront plus que le chant du lutrin que vous allez contempler, ô pauvres hommes! et ce sermon divin vaut bien le sermon humain.

O nobles calomniateurs! vous voudriez peut-être en faire un modèle de vertu, un être parfait! vous croyez faire merveille en nous montrant qu'il touche la terre des pieds comme les autres mortels et qu'il n'est pas parfait.

O grandes âmes! montrez-vous donc, vous! Que faites-vous donc? Vos bienfaits, ce qui vous distingue, où donc est tout cela? où donc est votre travail matériel? où donc est votre travail moral? où donc est le fruit de vos loisirs? où donc en un mot est le résultat de vos veilles et de vos méditations?

Rien! rien! rien!!!... que le vide!

Parce qu'il dénonce l'agioteur, parce qu'il démasque l'hypocrite, l'agioteur et l'hypocrite veulent entraîner l'opinion publique à lui faire du mal. Non, non, elle sera plus clairvoyante, bientôt on distinguera le bon du méchant, le juste de l'injuste, le vrai du faux et l'esclave de l'homme libre. Donc il attend avec patience l'heure de la justification.

Ouvrez le livre d'Agricol Perdiguier : *Question vitale sur le compagnonage et la classe ouvrière*, page 41, 1er paragraphe, vous lirez ceci : « Se firent remarquer chez les tonneliers Nivernais, Noble-Cœur Chabanne, etc., » et page 50, 2e paragraphe, l'opinion de **M. Mancel** dans la revue, *la littérature et les arts :* Pour citer ce qui est bien dans ce recueil (*le Chansonnier du tour de France*), il faudrait tout rapporter. Nous tenons néanmoins à dire encore une fois quel tour heureux savent donner à leurs idées, Galibert, Escolle, Chabanne, etc., etc.

Ces citations se passent de commentaires. Aussi je ne dirai que ce que je vois, mon appréciation n'étant rien, étant intéressée à la réputation de mon mari ; des travaux littéraires de si loin accumulés, de si vieilles réflexions pour se livrer à la réforme du mal et faire triompher le bien, sont suffisants pour le justifier des attaques dirigées contre lui. Fais seulement autant que lui, peuple de la calomnie ! Où sont tes titres pour traiter de lâche cet homme que tant d'hommes sérieux, pensants, admirent, encouragent dans la voie qu'il s'est tracée il y a déjà vingt ans : la voie du bien !

En attendant, lisez attentivement ce qui suit cette trop longue préface.

FRANÇOISE GUEZ,

Femme H. CHABANNE.

Plusieurs personnes m'ayant témoigné le désir que je donne quelques détails sur mon évasion de l'île du Diable, demande impossible à satisfaire, je me fais un véritable plaisir de publier de nouveau une pièce de vers qui n'est autre chose que le résumé de l'ouvrage portant pour titre : *Évasion de l'Ile du Diable*

ANONYME

APPRÉCIATION

TROUVÉ DANS LE MANUSCRIT

DE L'ÉVASION DE L'ILE DU DIABLE

ENVOYÉ A PARIS A M. LAFORT,

De la Charité-sur-Loire (Nièvre.)

Tous ces vers des *Adieux*, dédiés à sa mère, sont charmants; il y en a d'adorables et que tous nos poëtes auraient signés.

J'en excepte les strophes à la J.-B. Rousseau, dont le rhythme difficile, contraste trop avec cette poésie si gracieuse et si molle que le cœur encore plus que l'esprit en est pénétré.

ADIEUX.

DÉDIÉ A MA MÈRE.

New-York.

Voulez-vous un trésor? fouillez dans l'espérance !
C'est l'arbre du Seigneur, son fruit est le plus doux,
A son ombrage aimé, reposez en silence;
Là, rafraîchissez-vous.

De son urne vaste et féconde,
Le bonheur à flots se répand.
Si parfois la douleur profonde
Sur les pauvres humains s'étend,
C'est qu'après la douleur passée,
On aperçoit dans sa pensée
L'espérance, qui vient pressée,
Consoler celui qui l'attend.

Prenez! c'est un baiser trouvé dans la prière;
Il est pour ceux que j'aime, il m'est donné par Dieu!
A toi qui dans mon cœur se range la première,
Adieu, ma mère! adieu!

Adieu! simple demeure où s'ouvrit ma paupière,
Toi qui vois se pâmer la nature d'amour,
Qui reçois chaque soir les rayons de lumière
De la lampe du jour.

Arbres aux troncs mousseux, aux fleurs douces et blanches,
Abri cher aux oiseaux pour y bâtir leurs nids,

Que de fois sous mes pieds je vis fléchir vos branches,
En dérobant vos fruits.

O coteaux ravissants! ô rives de la Loire!
De mes chers souvenirs, perles et diamants!
Prés fleuris, vents légers, écho qui sais l'histoire
Que se font les amants,

Adieu! j'ai vu vos fleurs et votre robe blanche,
Car toutes les saisons m'ont vu vous parcourir.
J'ai dormi sur vos flancs quand venait le dimanche,
Sans rêver l'avenir.

J'ai parcouru les champs, caressant les glaneuses,
Fillettes aux seins nus, blancs comme neige et lait!
Et j'embrassai cent fois de jeunes vendangeuses
Dont l'œil étincelait;

J'ai chanté dans ces prés, où croît la pâquerette,
A l'ombre douce, au frais de ces blancs peupliers;
Puis, j'ai parlé d'amour, cueillant la violette
Sur le bord des sentiers.

O chère illusion qu'enfante le jeune âge!
Je croyais que le ciel gardait sa pureté,
Le rossignol son chant, et l'arbre son feuillage,
Et la fleur sa beauté!

Ma gaîté s'exhalait au sein de ma famille;
Au travail je chantais! au bal j'étais joyeux,
Mes rendez-vous du soir, la valse et le quadrille,
Tout m'était précieux.

Alors, tout souriait! jours, nuits, paix de l'enfance,
Passaient comme un zéphyr sous les astres du ciel;
La lyre intérieure élevait en silence
Un hymne à l'Éternel;

A lui, que je sens dans mon âme,
Sans cesse alimentant la flamme

Qui me dévore en baisers doux !
Lui, qui d'un souffle fait un monde,
Et de joie, et d'amour l'inonde!
Qui nous fait plier les genoux
Sous la grandeur de sa puissance.
Et puis, qu'est-ce donc l'espérance?
Si ce n'est pas son âme immense
Qui se répand toujours sur nous.

Je n'avais que treize ans, ô mon âme! ô mon âme !
Que tu brûlais déjà pour un amour divin;
Tu n'avais pas songé que cette ange de femme
Te consumait en vain,

Qu'elle ne t'aimait pas. Oh! tu la trouvais belle;
Ses yeux étaient plus doux et plus bleus que le ciel,
Pouvaient-ils dans ton cœur te la nommer cruelle,
Toi dont l'amour est immortel.

Va-t'en! va-t'en! fuis-moi, puisque tu m'es ravie,
Puisque je ne pourrai jamais subir ta loi;
Crois pourtant que ton cœur, ton âme étaient ma vie,
Que mon être était toi.

De mon bonheur, grand Dieu ! c'était une étincelle;
J'étais encore enfant! mais je vis à vingt ans
Sortir de l'horizon, plus douce et plus nouvelle,
L'aube de mon printemps.

Vingt ans! mon jeune cœur était rempli de séve;
Mon âme vierge encore allait s'épanouir;
Mon sommeil était doux, je faisais un beau rêve;
Là j'aurais dû mourir.

Je n'aurais point dormi sur la moelleuse couche
Où m'enlaçaient les bras d'une blanche beauté;
Ni baisé sur le cou, sur les seins et la bouche
La douce volupté.

2

O tendre séductrice! obscène et sainte fille!...
Qui ne te chérirait dans tes baisers brûlants,
Et ne s'éblouirait dans ton regard, qui brille
Comme des diamants?

La glace, à ton aspect, fond et devient vivante,
Les muscles engourdis recouvrent la chaleur,
Et sur les fronts pâlis monte resplendissante
Une sainte rougeur.

Prends mon âme. Oh! toi, sois mon amante éternelle;
Laisse les marbres froids qui pourraient t'écraser,
Viens à moi, mon bonheur! c'est ma voix qui t'appelle;
Viens! oh! viens m'embrasser!...

Hélas! attends un peu, mais ne sois point jalouse,
Je vais au rendez-vous de mon plus cher amour;
Sous la feuille des bois, sous la verte pelouse
Rêver encore un jour.

La nuit distillait pour l'aurore
L'humide cristal qui décore
Les moissons, les fleurs et les fruits!
Tout paraissait en rêverie!
Sur les gazons de la prairie
Les agneaux étaient endormis;
L'oiseau cessait son chant diurne,
Et pendant son sommeil nocturne,
La fleur avait fermé son urne,
Pour couver ses parfums chéris!

On n'entendait alors aucun bruit que les branches
Qui craquaient sous nos pieds, silence harmonieux!
On ne voyait briller que les étoiles blanches
Qui scintillaient aux cieux;

Pas une herbe penchait, si douce était la brise!
On entendait au loin le ruisseau murmurer;

Et la feuille en tombant sur l'autre feuille assise,
N'osait s'en séparer.

C'est l'heure de toute ma vie
Qui ne me sera point ravie
Que par la mort, que tout détruit.
L'heure d'amour est éternelle!
En mon âme toujours fidèle,
Rien n'éteint ce flambeau qui luit.
En vain l'oubli cherche à l'atteindre;
Le cachet sut trop bien se peindre,
Et quand son souffle a cru l'éteindre,
Une lueur en sort et fuit.

Roucoulez, maintenant, ô tendres tourterelles!
Allez bâtir vos nids dans des bosquets de fleurs,
Et cherchez des printemps, mes douces hirondelles,
Dans des climats meilleurs;

Vous dont la voix gémit, vous toujours amoureuses,
Qui fuyez les hivers pour chercher des beaux jours,
Vous ne trouverez pas d'heures plus précieuses;
Chercheriez-vous toujours!

Comme ses pas légers, son ombre m'était chère,
Car tout était amour, tout, jusqu'à sa pâleur!
Sa voix était un luth, ses yeux une lumière
Qui passait dans mon cœur.

« Quand sonne l'Angélus, m'avait dit cette femme,
« Mon Henri, songe à moi, cet instant est à Dieu!
« Et qu'à cette heure au moins je sache que ton âme
« Cherche mon âme en feu! »

Toujours être fidèle à ce signal qui sonne?
O chers frémissements de la cloche du soir!
Venez encor, frappez, c'est elle qui me donne
Des paroles d'espoir.

O Dieu! toi qui peux tout, ne fais pas qu'elle meure
Sans que je sache au moins ses derniers sentiments,
Pour que mon âme vole à l'affreuse demeure
Toucher ses ossements!

Ange! trésor du ciel! qui fais aimer et vivre!
Dois-je taire ton nom, dois-je en faire l'aveu?
Oh! oui, ma bien-aimée, il faut que je le livre:
C'est Marguerite! adieu!

En faisant cet adieu, mon angoisse est terrible!
Car j'en ai tant aimé, hélas! avant, après,
Qu'il en est de couchées en la tombe paisible,
A l'ombre des cyprès.

Mais j'ai d'autres trésors attachés à la terre,
Que ces objets chéris, ces souvenirs dorés:
C'est une blanche enfant, où s'enferme un mystère
Dans les noms adorés!

En lui donnant les noms des personnes que j'aime,
J'avais dit: toute fois qu'on les prononcera,
Dans ce miroir d'amour, je verrai l'amour même
Qui se reflétera.

Elle sera l'abri de mes peines futures,
L'espoir délicieux que mon cœur a nourri.
Ainsi je me perdais en mille conjectures
Sur ce trésor chéri.

Car, un bon souvenir est un arc tout sublime
Dont les traits font du bien en vous touchant le cœur.
Hormis dans le malheur, c'est un don magnanime.
Que nous fit le Seigneur.

Mais c'est illusion! tout est vrai, rien n'est stable;
La chenille d'hier voltige en papillon,
Et là-bas, le simoun qui brûle sur le sable
Deviendra l'aquilon.

C'est ainsi dans la vie où tout change de rôle;
On attend le bonheur, mais le bonheur s'enfuit,
Et le soleil, le soir, éclaire un autre pôle
Pour nous laisser la nuit.

Voulez-vous un trésor? Fouillez dans l'espérance!
C'est l'arbre du Seigneur, son fruit est le plus doux;
A son ombrage aimé reposez en silence;
Là, rafraichissez-vous.

Quoi! vous direz: mais quelle ardeur a-t-il dans l'âme
Sur ses amours passées pour tant lever la voix?
Tous nos grands amoureux n'ont pleuré qu'une femme,
N'ont aimé qu'une fois.

Mais est-ce aimer deux fois que d'aimer qui vous aime?
L'amour, l'âme de Dieu! ne se tarit jamais!
Il est toujours en nous, il est toujours le même,
Quoique changeant d'objets.

N'aime-t-on pas toujours le feu qui nous ranime?
Dédaigne-t-on la source qui vous rafraîchit?
Et qui ne verse pas un regard magnanime
Sur ce qui vous bénit?

Que l'approbation, le blâme,
Arrivent pour me frapper l'âme!
Elle rit de ce qu'on dira.
Le même besoin la dévore!...
C'est le besoin d'aimer encore;
Peut-être qu'elle en guérira.
Mais, hélas! je sens sur ma lyre
Quelque chant douloureux à dire;
Laissons couler dans le délire
Une larme qui tarira.

Un jour, le tourbillon, dans sa rage jalouse,
Vainqueur, il me vautra sur son flanc infecté;

Il versa son poison, et de ma pauvre épouse
Le cœur fut affecté.

Hélas! en la quittant, elle pour qui je souffre,
Les yeux mouillés de pleurs, notre enfant sur les bras,
Me disant : à bientôt! Erreur, c'était un gouffre,
Qui s'ouvrait sous nos pas.

De la pente maudite où roulait cet orage,
En faisant un effort j'aurais pu m'arrêter,
Mais je n'aurais trouvé qu'une onde sans rivage
Pour me précipiter.

Je laissai donc agir mon noir destin farouche!
Qui nous voyait gémir sur les brûlantes mers.
Alors, on ferma l'œil et l'on se clôt la bouche
Pour dériver ses fers.

Ces mobiles remparts sont-ils infranchissables?
Désespérerions-nous quand le soleil a lui?
Le vent emporte bien dans l'air les grains de sable,
Serions-nous moins que lui?

Chacun disait son mot sur les dangers à craindre;
Quand l'un nous effrayait, l'autre nous rassurait,
Et lorsque notre espoir paraissait se restreindre,
Au ciel on regardait;

On regardait la mer, qui paraissait docile
Et qui semblait nous dire : hommes, n'ayez point peur,
Je veux vous protéger, je suis forte et tranquille;
Invoquez le Seigneur.

Il est plus grand, plus fort que mes vagues marines,
Puisqu'il peut préserver l'esquif que je poursuis,
Faire chanter l'oiseau, puis croître les racines
Et faire que je suis.

Tout était préparé pour le prochain voyage,
La mort, l'affreuse mort ne nous effrayait plus.

Chacun fit ses adieux. Pour quitter le rivage,
On attendait le flux.

Et la mer qui montait! sous les roches profondes
La vague mugissait... mais le roc argenté
Nous voyait dès le jour sur de légères ondes,
Cherchant la liberté!...

La liberté, ce bien que tout être respire!
Ce feu sacré, divin, de la création!...
Cet éclatant rayon qu'aime entendre sourire
La végétation!

Nous la voyions au loin briller comme une étoile,
Nous lui tendions les bras! Voyant notre dessein,
Cette sœur de l'amour laissa tomber son voile,
Et nous mit à son sein.

Qu'elle était ravissante au milieu des esclaves!
Son front semblait braver la foudre et les éclairs;
Comme eux, comme ses fils elle avait des entraves,
Elle était dans les fers.

Oh! qu'importe, dit-elle, ici l'amour est libre!
On entrave l'enfant aussitôt qu'il est né,
Mais rien n'arrache au cœur le sentiment qui vibre
Dans ce corps enchaîné.

Puis, ainsi qu'une fleur qui s'ouvre à la lumière,
Mon âme après sa nuit se rouvrait au bonheur,
Et la séve de Dieu coulait dans la prière,
Et me tombait au cœur.

J'allais sans le savoir vers un rayon superbe.
Sans l'avoir jamais vu, je courais sur l'endroit,
Comme on irait le soir au ver qui luit dans l'herbe,
Sûr d'y toucher du doigt.

Sur des fleurs sans parfum, des gazons sans verdure,
A l'ombre sans fraîcheur des bananiers en fleurs,
Une femme causait au ruisseau sans murmure
Qui recevait ses pleurs.

Mais les pleurs en tombant faisaient agiter l'onde ;
Et l'onde secouait la barrière des flots,
Sable mouvant qui fuit, et bientôt elle inonde
Mon âme de ses eaux.

Faible comparaison, mais qui pourtant est grave.
Le ruisseau c'était moi ; mon amour était l'eau,
Qui s'épanchait au cœur de ma charmante esclave,
Doux espoir au berceau !

Et je l'ai délaissée ! oh ! cher ange qui pleure !
Pour qui ? pour une ingrate à qui je suis constant,
Qui ne m'aima qu'un jour, et peut-être qu'une heure,
Peut-être qu'un instant.

Elle me vit lutter contre le flot avide,
Sans par trop le maudire et trop s'en effrayer,
M'en vit sortir vainqueur, le front encore humide,
Sans venir l'essuyer.

Donc, elle n'aimait pas, voilà la certitude.
O faiblesse ! ô malheur ! j'ai déserté le ciel !
Pour aller retrouver l'affreuse solitude,
Cette ruche sans miel.

Qu'importe ! ô songe éteint ! Rébecca, chère idole !
Majesté qui régnas un instant dans mon cœur.
Fille des fers ! crois-moi, je ne suis point frivole,
Tu ne me fais point peur.

Tant qu'au ciel en chantant montera l'alouette,
Que pour nous embaumer les roses fleuriront,

Que sur ses flots chéris se jouera la mouette,
Que les fruits mûriront;

Tant qu'on verra passer une ombre sous la nue,
Que l'aube paraîtra pour annoncer le jour,
Tu sentiras en toi glisser mon âme nue
Pour chercher ton amour!

Tant qu'on ira prier sur les tombes chéries!
Que la mort en passant nous laissera son deuil;
Qu'au printemps l'on verra reverdir les prairies,
Et que croîtra l'écueil;

Et que les vents légers caresseront les ondes;
Qu'au sol sèmera la graine pour germer,
Que le soleil luira pour éclairer les mondes!
Femme, je veux t'aimer!

Alors, prends ce baiser trouvé dans la prière!
Il est pour ceux que j'aime, il est donné par Dieu!
Et toi qui dans cœur as passé la dernière,
Ma belle esclave, adieu!

O bonté suprême et céleste!
Voilà pourtant ce qu'il me reste
De tous mes rêves insensés!
C'est du sein de la solitude,
Dévoré par l'inquiétude,
Que je vois ces beaux jours passés.
Qu'importe, il faut que je t'achève,
O nuit trop pleine d'un beau rêve!
Je ne t'accorde point de trêve,
Accomplis tes projets blessés.
Songe encore au bonheur des anges!
Va parmi ces douces phalanges
Rêver, pleurer, aimer, penser!
Va-t'en dans la pieuse enceinte

Pour écouter la harpe sainte,
Qui saura toujours te bercer
Ainsi qu'aux jours de ton jeune âge!
N'a-t-elle pas un doux langage?
Lorsqu'elle achève son hommage,
Ce n'est que pour recommencer.
Mais s'il est encore une épreuve,
Dont il faudrait que je m'abreuve
Durant cette aride douleur,
Seigneur! j'accomplirai ma tâche!
Et ne maudirai point la hache
Qui trop tôt trancha mon bonheur.
Que dis-je? un bonheur sans naissance,
Car j'apprends là dans la souffrance!
Que rien n'est doux que l'espérance!
Et rien plus vrai que le malheur.

CORRESPONDANCES,

CRITIQUES ET RÉPONSES

SUR

L'ÉVASION DE L'ILE DU DIABLE.

Paris, 26 avril 1861.

Cher confrère,

C'est avec plaisir que je reçois de vos nouvelles et que je vous sais au sein de votre famille. Depuis que j'ai entendu chanter de vos chansons qui recèlent tant de cœur, je me suis toujours intéressé à vous.

Les chansons fraternelles du compagnonnage ont fait un grand bien sur le tour de France, il ne faudra pas en rester là; il faudra en composer encore quelques-unes. On vous a chanté, on vous chantera. Courage!

Dans ce que je vais faire paraître, je ne touche pas à l'organisation du travail; sans doute, si les ouvriers voulaient, ils feraient merveille : qu'une société compte mille membres, que chacun d'eux verse 1 franc par semaine, ce sera 52 francs par an ; multipliez ces 52 par mille, et vous aurez 52,000 francs. On a déjà pour créer des établissements qu'on peut accroître chaque année. Ce n'est pas la possibilité de bien faire qui manque aux ouvriers, c'est la volonté.

Pour le moment, laissons cette question, ma prochaine publication ne vise pas si haut. Cependant, j'ai un but de fraternité, de moralisation et vous le verrez bientôt.

J'ai vu M. Giraud, hier, et il a été charmé des quelques mots que vous lui consacrez ; il a 87 ans, et il s'occupe toujours des affaires de ce monde. Quel digne homme !

J'ai reçu avec plaisir vos chansons ; on ne peut pas les lire sans trouver l'homme de cœur. Travaillons sans cesse, relevons nos frères, ils en ont bien besoin.

Quand vous viendrez à Paris, je vous verrai avec bien du plaisir.

Votre tout dévoué,

AGRICOL PERDIGUIER.

REVUE BIBLIOGRAPHIQUE

De janvier 1862.

N'allez pas croire au moins, cher lecteur, que ce titre piquant : *Evasion de l'île du Diable*, soit une inspiration fantastique d'Hoffmann ou d'Edgar Poë; rien dans ce livre qui soit humoristique ou de fantaisie. L'île du Diable existe bien réellement à la Guyane française. C'est même, au dire de M. Henri Chabanne, une île charmante, un vrai lieu de délices, resplendissant de vie et de lumière, aux horizons lointains, aux douces brises de mer, aux mille senteurs enivrantes... Oui, sans doute, pour quiconque serait heureux et libre, entouré des joies de la famille; mais, mirage cruel et désespérant pour tel malheureux exilé comme lui, par exemple, incessamment torturé qu'il était par le poignant souvenir de la patrie, de la famille, de la liberté absentes, ces trois précieuses nécessités de toute existence; mais immense solitude où il succombait nuit et jour au désespoir, suffoqué, étouffant comme en un sombre et froid sépulcre.

Voilà pourquoi ce pauvre jeune homme, ce Nivernais au noble cœur, après avoir chèrement expié quelques imprudences de jeunesse (bien pardonnées aujourd'hui) par de tristes années d'épreuves et de souffrances, prit un jour enfin, avec quelques compagnons d'infortune, le parti héroïque et désespéré de chercher à fuir une île maudite qui serait inévitablement devenue son tombeau. C'est dans le récit de M. Henri Chabanne qu'il faut suivre toutes les phases, si profondément dramatiques et émouvantes, de cette évasion miraculeuse, pour ainsi dire; rien de plus touchant aussi, de plus sympathique que toutes ces effluves de sentiment, d'affection tendre, de douloureux souvenirs, de poésie de cœur qui s'épanchent et débordent avec le plus naïf abandon sous la plume ardente de notre jeune tonnelier de Pouilly dit Nivernais Noble-Cœur.

Ah! M. Agricol Perdiguier, juge très-compétent de certaines convenances à observer, a fait une bonne œuvre en prenant sous son patronage le livre de M. Henri Chabanne.

FORSTER.

Paris, 6 mars 1862.

Cher concitoyen,

Je vous remercie de l'envoi de votre livre, je le connaissais et en ai même parlé très-longuement avec Agricol Perdiguier.

Je crois que vous auriez pu taire quelques passages; cependant, en tout état de choses, je vous félicite de votre travail et surtout de votre lettre sympathique.

Le 2 mars, à mon entrée à Mazas, le journal du peuple a été détruit; donc, cher citoyen, votre envoi, tant qu'à présent, est nul. Espérons que je pourrai le recréer, et alors, je vous porterai au nombre de mes abonnés, et je pense compter sur votre concours littéraire.

A nous autres, enfants du travail, les tortures n'éteignent pas dans nos cœurs nos sentiments, nos principes sociaux. Je sors donc de mon infâme prison, avec l'espoir d'un meilleur avenir, avec l'espérance que vous me communiquez par votre si bonne et si excellente lettre.

Merci donc, une dernière fois; répétons tous : Guerre à l'ignorance! maxime que nous devons inscrire sur notre bannière, nous, apôtres de l'avenir et de l'humanité.

Alors le soleil de la liberté inondera le monde de ses rayons vivifiants, c'est alors que l'esclave criera: Egalité, germe fécond de la fraternité!

Acceptez donc cette franche poignée de main que nos malheurs ont rendu fraternelle.

Cordialité.

THÉODORE SIX.

Paris, le 6 novembre 1862.

Monsieur,

Monsieur Perdiguier que je viens de voir m'a fait espérer que vous pourriez me donner quelques renseignements sur la manière dont sont traités les *forçats* à Cayenne. J'achève, en ce moment, un roman pour lequel j'aurais besoin de ces détails, et je pense que si vous le pouvez vous voudrez bien me les adresser.

Je désirerais savoir :

1° Où sont enfermés les forçats à Cayenne, et s'ils y sont même enfermés;

2° Ce qu'ils font;

3° Quelle surveillance on exerce sur eux;

4° S'ils travaillent, comme on me l'a dit, chez les paysans;

5° S'il y a un bagne à Cayenne et quel est à peu près le régime de cet établissement.

Je serais heureux, Monsieur, si vous pouviez me répondre à ces quelques questions, et dans un délai très-court. Je suis un peu pris au dépourvu et je suis arrêté dans mon travail.

J'ai bien votre livre qui est fort intéressant, mais qui ne s'occupe, à bon droit, que des déportés. Vous comprenez que les renseignements qui s'y trouvent ne peuvent guère me servir.

Soyez donc assez bon, Monsieur, pour m'adresser les détails que je vous demande et croyez bien d'avance à mes remerciements les plus vifs.

Votre tout dévoué,

PIERRE ZACCONE.

Cayenne de la Franchise Lyon.

Ami et frère,

Je m'empresse de vous adresser ces quelques lignes à la hâte, après la dernière assemblée qu'il y a eu dans notre Cayenne.

Depuis bien longtemps nous désirions tous, sans exception, avoir le doux plaisir de renouveler une correspondance qui ne peut nous apporter que de sages conseils d'amis; car, malgré l'éloignement, les malheurs et les revers qui vous ont empêché de vivre parmi nous, votre souvenir est toujours resté au sein de ceux qui savent comprendre un cœur noble et généreux.

Nous nous associons tous à l'œuvre que vous rédigez en ce moment; seulement, je suis chargé par l'assemblée de vous faire une observation sur le titre de votre ouvrage. Ne croyez pas que nous dérogeons des bons principes, non; mais, pour l'intérêt général, je le dois.

L'intitulé du livre a donné, à tous nos amis, une petite crainte que j'ai fait dissiper tout de suite en leur promettant que vous nous feriez réponse de suite : Ils craignent que votre ouvrage soit mêlé à la politique qui vous a causé tant de malheurs.

Tous les frères m'ont prié de vous demander aussi de vos chansons pour faire renaître la grande amitié de vos bons souvenirs.

Veuillez nous répondre, aussitôt la lettre reçue. Nous espérons avoir de plus amples correspondances, quoique vos chansons vous aient depuis longtemps remplacé dans la marche du progrès où vous vous êtes avancé un des premiers et à si grands pas.

En attendant le plaisir de recevoir de vos nouvelles, recevez, frère, le baiser fraternel de tous les compagnons de la Cayenne de Lyon.

Bressan le Vainqueur.

Villefranche, 27 août 1862.

Mon cher Noble-Cœur,

C'est avec un bien grand plaisir que j'ai reçu votre lettre; bien des années se sont écoulées depuis le jour où je vous faisais la conduite. Depuis cette époque je n'ai reçu qu'une lettre de vous, de La Rochelle, que je conserve ainsi que celle que vous venez de m'écrire.

Combattre sans cesse les abus, l'ignorance et les préjugés, c'est, selon moi, l'idée la plus noble, la plus utile et la plus généreuse que vous puissiez entreprendre.

Je vois avec satisfaction que tant de temps passé n'a pas refroidi votre zèle et que vos sentiments sont toujours les mêmes, mais je vois avec regret qu'il ne me sera pas possible de faire pour vous ce que j'aurais désiré.

Cependant j'ai montré votre lettre à un ami qui est compagnon et maître coutelier ici; il l'a trouvée très-bien, il approuve complétement votre manière de voir.

Votre ouvrage est charmant et je vous en félicite. L'intérêt que je vous témoigne me faisait craindre, je vous l'avoue, à votre manque de réussite; vous avez dépassé mes espérances : vos correspondances sont admirables, surtout à partir de votre arrestation jusqu'à votre arrivée aux Etats-Unis.

P. S. Quelques-uns de vos lecteurs regrettent le

mot : Je n'en voudrais pas *pour amis*, page 9. C'est une observation qui me fut faite et que je vous prie de prendre en bonne part.

LOMBARD dit Mâconnais l'Espérance.

Paris, 10 février 1862.

Je vous ai dit d'abord ma pensée sur quelques passages de votre livre et je déplore plus que jamais, non pour moi, mais pour vous, que vous n'ayez que bien peu tenu compte de mes observations. Si vous vous étiez renfermé dans votre titre, ce qui n'excluait pas des peintures de mœurs à la Guyane hollandaise et aux Etats-Unis, j'ai la conviction que votre ouvrage aurait été bien accueilli de toute la presse et qu'il eût fait sensation, parce qu'il est d'un intérêt général et que les évadés, par leur courage et leurs souffrances, ont droit à la plus profonde sympathie.

Je vous avais signalé des détails dont la moralité n'était pas de mon goût; je passe là-dessus; je vous avais conseillé de biffer quelques lignes de l'avant-propos, lignes très-fâcheuses selon moi. Je vous laisse parler :

« Tous mes amis m'ont trompé, jusqu'à ceux à
« qui je m'étais le plus dévoué; je n'ai plus foi en
« l'amitié. Je ne conteste pas qu'il y ait de braves et
« d'honnêtes gens; j'en ai connu, j'en connais en-
« core, mais je n'en voudrais pas pour amis... J'ai

« toujours payé trop cher les services qu'on m'a « rendus.

« Malheur à qui a besoin des autres. »

Et c'est dans un avant-propos, dans la partie du livre où l'on fait le plus de réflexions, que vous dites cela! Tous vos amis vous ont trompé! Est-ce bien vrai?... Est-ce que B... et tant d'autres, qui étaient vos amis avant vos malheurs et le sont encore aujourd'hui, auraient commis des lâchetés, des indignités à votre égard?

Permettez-moi de vous dire que je ne le crois pas, que je ne puis le croire. Vous dites : « J'ai toujours payé trop cher les services qu'on m'a rendus. » Je vois, dans votre récit même, que vous avez rencontré des êtres bienfaisants, que vous n'avez pas été complétement abandonné. Je ne citerai que M. Henry Léger, aux Etats-Unis, qui vous dit : « Si vous voulez de l'argent pour retourner en France, je vous en donnerai. » D'autres offres vous ayant été faites d'autre part, il vous plut de n'accepter de lui que la moitié des frais du voyage, c'est-à-dire 35 dollars, ce qui vaut 185 francs; avez-vous payé trop cher ce service-là? Depuis, cet homme se serait-il mal comporté avec vous? Vous aurait-il injurié et demandé de gros intérêts? S'il n'en est rien, vos paroles ont lieu de le blesser.

« Je ne conteste pas, dites-vous, qu'il y ait de braves et d'honnêtes gens, j'en ai connu, j'en connais encore, mais je n'en voudrais pas pour amis. » S'il en est ainsi, dites-moi quel est mon titre auprès de vous? quel est le titre de tant d'autres avec qui vous correspondez? Si nous ne sommes pas vos amis, que sommes-nous donc? De deux choses, l'une : il faut que nous soyons vos amis ou vos esclaves; du moment que nous n'avons aucun intérêt personnel dans la correspondance, selon vous, nous ne sommes pas cela. Que sommes-nous donc?

Je crois que vous n'avez pas pensé à la portée de ces terribles paroles; et, je l'espère, vous conviendrez vous-même qu'elles ne devaient pas se trouver dans votre livre et que, s'il y a réimpression, elles en seront chassées! — Vous le voyez, je vous parle franchement, je reste dans ma nature.

Votre tout dévoué,

AGRICOL PERDIGUIER.

Pouilly, le 11 février 1862.

« Chacun se dit ami, bien fou qui s'y repose. »

LA FONTAINE.

J'appelle mes amis ceux à qui j'ai rendu des services et non pas ceux qui m'en ont rendu, parce que, si j'appelais mon ami la personne qui m'a rendu service, elle aurait droit de me suspecter en ce sens, qu'elle pourrait supposer que c'est ce qu'elle a fait en ma faveur qui m'y oblige. Ainsi, dès que quelqu'un se dévoue pour nous, il devient votre ami, sans pour cela, vous qui recevez, deveniez le sien. Ce ne sont que les circonstances qui vous obligent de le devenir.

Un service oblige à la reconnaissance en vous l'inspirant, et cette reconnaissance, qui n'a quelquefois pas de bornes, cette vieille maxime : « Un bienfait n'est jamais perdu » l'indique. C'est qu'en vérité, je viens ici affirmer que je n'ai jamais été un ingrat, et que *j'ai toujours payé trop cher les services qu'on m'a rendus.*

Je vais citer quelques faits : J'arrivais à New-York misérable ; deux hommes qui me paraissaient sympathiques me vinrent en aide par quelques vieux vêtements ; ils étaient mes amis naturels : cette action m'obligea à la confiance, à la reconnaissance. Une circonstance se présenta où je pouvais leur rendre ce qu'ils avaient fait pour moi. Les rôles étaient changés ; non-seulement ils acceptèrent le tribut de la reconnaissance, mais ils me trompèrent, me firent payer les services qu'ils m'avaient rendus cent fois plus qu'ils ne valaient. Ils ont, par cela seul, brisé la confiance que j'avais en l'amitié, ce qui m'obligea d'en faire l'étude. Oui, je le répète : *Malheur à qui a besoin des autres,* car on est moralement engagé à ne pas refuser des choses qui sont parfois sacrées.

La femme y jette l'honneur, etc., etc. Vous me dites : « Est-ce que B... et tant d'autres qui étaient « vos amis avant vos malheurs, et le sont encore « aujourd'hui, auraient commis des lâchetés, des « indignités à votre égard ? » Je réponds non. Jusque-là, entre moi et B..., il n'y avait eu que de la sympathie et non de l'amitié ; ma manière d'agir, de penser lui plaisait, et de même je l'approuvais dans ses sentiments. La sympathie s'est accrue, elle est devenue de l'intimité, peut-être de l'amitié ; puisqu'en effet, de son côté, elle s'est déjà manifestée, puisqu'il a fait pour moi des sacrifices et de temps et de frais occasionnés par les circonstances : sacrifices matériels, incontestables. De mon côté, il ne s'est encore rien manifesté; parce que, probablement que l'occasion ne s'est pas présentée, ou que j'ai négligé de la saisir, car il est toujours permis de douter de soi ; maintenant, sais-je où ceci va me conduire? Est-ce qu'aujourd'hui je ne suis pas naturellement engagé, d'après les lois de mon organisme, de faire à son égard ce qu'il a fait au mien? J'ai cependant de la famille ; l'un et l'autre souffriraient, sans distinction; je leur partagerais mes soins, et peut-être irais-je ainsi de dévouement en dévouement jusqu'à la dernière extrémité. Si j'hésitais, je me croirais déjà un lâche, un sans cœur, sans reconnaissance. Je me dirais : il n'a fait que cela, c'est qu'il n'a pas eu occasion de faire plus, tandis que moi je la trouve et l'évite ; donc, je suis un lâche! et je ne crois être ni l'un ni l'autre.

M. Henri Léger et ceux qui m'ont rendu ces services ne sont point encore mes amis; je me considère comme le leur, mais ils ne seront les miens que lorsque j'aurai fait beaucoup plus pour eux qu'ils n'ont fait pour moi ; seulement autant serait de la réciprocité.

Je ne puis plus douter d'eux, tandis qu'ils peuvent douter de moi; c'est l'occasion qui vous dévoile, qui vous annonce, qui vous conduit. Rappelez-vous le lion à qui l'on tire l'épine et qui plus tard reconnaît son bienfaiteur.

Vous me dites, en parlant de M. Henri Léger : « Avez-vous payé trop cher ce service-là ! » Je réponds : non, pas encore !...

Vous me dites : « Quel titre avons-nous? nous sommes ou vos amis ou vos esclaves. » Le titre que vous avez auprès de moi, c'est que nous combattons pour la même cause, et que nous faisons des efforts communs, selon la mesure de nos forces et de notre intelligence pour semer le progrès et la lumière, débrouiller la situation, ouvrir une nouvelle voie à la classe ouvrière qui s'abandonne trop à ses penchants, lui donner des sentiments généreux, l'attacher à un idéal. Nous prenons peut-être deux routes différentes : moi, ce serait de l'attacher à la femme, et, par cela, j'en parle beaucoup, un peu trop peut-être d'après votre jugement; quant à moi, ce n'est pas mon avis. Il est un besoin qui l'agite sans cesse; ce besoin, c'est l'amour! Si je le sors du cabaret, de l'oisiveté, il faut que je le conduise quelque part; c'est donc vers la femme que je guide sa pensée. Quant aux correspondances, c'est tout simplement une complaisance réciproque, c'est ce qui ne se refuse jamais. Certainement que j'ai connu de braves et d'honnêtes gens et que je veux tâcher d'éviter des services de leur part, puisque c'est précisément ce qui fait distinguer la chose, l'amitié; c'est ce qui la fait se manifester; ne serait-il pas préférable de se passer de services, ce mot tant de fois répété; ceci ne prouverait qu'une chose, un ordre social meilleur où les citoyens auraient établi une solidarité qui leur éviterait de recevoir ce qu'on appelle des services; il n'y aurait plus que de la réciprocité et ils conserveraient leur indépendance. On emploie trop souvent le mot *ami* qui n'est applicable qu'en de graves circonstances; le mot *monsieur* est quelquefois blessant lorsqu'une certaine intimité est établie entre nous; le mot de *citoyen* serait, à mon avis, beaucoup plus convenable; mais là n'est pas la question. Vous n'êtes donc enfin ni mes amis, ni mes esclaves. Ces titres, jusqu'ici, ne seraient applicables qu'à moi-même; c'est le langage que je pourrais vous tenir : je suis votre ami, je suis votre esclave, parce que la certaine amitié qui s'est manifestée de votre part à mon égard m'oblige naturellement à la reconnaissance, au dévouement et m'enchaîne conséquemment; car, je le répète, ce n'est pas celui qui reçoit qui est l'ami de celui qui donne, c'est celui qui donne qui se constitue l'ami de celui qui reçoit, et qui, par malheur, le plus souvent, au lieu de recevoir en échange la douce amitié, la reconnaissance, ne rencontre qu'ingratitude.

Mais ne développons pas ce qui est mauvais, laissons-le dormir : le mal, on l'oubliera peut-être, pour développer et éveiller ce qui est généreux, ce qui est bon.

J'avertis cependant dans la Préface que ce que l'on vient de lire fut écrit sous la plus douloureuse impression;

Que j'étais complétement désillusionné sur les choses les plus sacrées; que toutes les fibres de mon âme étaient tellement tendues, brisées, que j'avais perdu jusqu'à l'espérance, et que, si je m'étais décidé d'en faire l'aveu, c'était parce que je voulais en conserver le souvenir.

Je dis aussi, en terminant mon livre, que j'ai retrouvé l'espérance et que je suis à la recherche de l'estime et de la sympathie ; c'est peut-être ce qui me vaudra de nouveau quelque manifestation nouvelle d'amitié : que le ciel m'en préserve cependant ! malheur à qui a besoin des autres ! c'est quelquefois la mort qu'on vous a prêtée. Quant à moi, je ne fuis pas non plus l'occasion de faire le bien quand l'occasion se présente.

Votre tout dévoué,

H. CHABANNE.

Paris, le 1er mars 1862.

Je n'avais pas l'intention de répliquer à votre lettre du 11 février, mais comme vous m'autorisez à la publier, ce qui prouve que votre pensée n'est pas qu'elle reste secrète, je me suis permis de la communiquer à des tiers, et de là ressort pour moi la nécessité de ne pas vous laisser ignorer mon sentiment de son contenu.

Rien de plus singulier que votre entrée en matière. « J'appelle mes amis, dites-vous, ceux à qui j'ai rendu des services et non pas ceux qui m'en ont rendu, parce que, si j'appelais la personne qui m'a rendu service mon ami, il aurait droit de me suspecter en ce sens, qu'il pourrait supposer que c'est ce qu'il a fait pour moi qui m'y oblige. »

Le rôle de l'ami, d'après cela, serait très-facile. Il n'aurait qu'à recevoir, et alors le vers de La Fontaine que vous citez serait un non-sens. S'il n'y a rien à exiger de l'ami, s'il n'a pas à prouver son amitié pour de bonnes actions ou la manifestation de bons sentiments, comment des amis pourraient vous avoir trompé? Donnez, donnez toujours et ne vous plaignez jamais, votre système vous impose cette loi.

Mais ce système est insoutenable, faux de tout point; aussi tombez-vous immédiatement dans la contradiction. Exemple : « Oui, dites-vous, dès que quelqu'un se dévoue pour vous, il devient votre ami, sans que pour cela, vous qui recevez, deveniez le sien; ce ne sont que les circonstances qui vous obligent à le devenir à votre tour. »

Vous dites plus loin :

« Je le répète, ce n'est pas celui qui reçoit qui est l'ami de celui qui donne, c'est celui qui donne qui se constitue l'ami de celui qui reçoit. »

Vous marchez de contradiction en contradiction depuis le vers de La Fontaine cité jusqu'à cette dernière ligne, et ce n'est pas fini.

Je vous ai parlé de M. Henri Léger, des Etats-Unis, duquel vous signalez une bonne action dans votre livre, et je vous ai posé cette question : « Avez-vous payé trop cher ce service-là? » Vous me répondez : « Non, pas encore!!! » et cela avec trois points d'exclamation. Il s'agit ici du même homme et d'autres personnes qui peuvent lui faire pendant, et vous dites :

« Mais je ne suis pas un lâche ni un ingrat. M. Henri Léger et ceux qui m'ont rendu ces services ne sont pas encore mes amis. Je me considère le leur, mais il ne seront les miens que lorsque j'aurai fait pour eux beaucoup plus qu'ils n'ont fait pour moi. »

Convenez, du moins, que vous n'avez pas encore payé trop cher les services qu'ils vous ont rendus ; néanmoins, suivant votre théorie, ils ne sont pas vos amis ; mais vous ajoutez aussitôt : « Je ne puis plus douter d'eux, tandis qu'ils peuvent douter de moi. »

Si vous ne pouvez plus douter d'eux, et s'ils peuvent encore douter de vous, c'est qu'ils ont fait leur preuve et que vous n'avez pas encore fait la vôtre. Ils sont donc vos amis, et votre tour viendra plus tard. Voilà donc encore une contradiction. Vous voulez, dites-vous, éviter les correspondances et les services, puisque c'est cela qui fait distinguer l'amitié. Voilà que vous changez encore.

« Je suis votre ami, me dites-vous, je suis votre esclave, parce que la certaine amitié qui s'est manifestée de votre part à mon égard m'oblige à la reconnaissance. »

Ainsi l'amitié s'est manifestée de mon côté, par ce seul fait que vous êtes mon esclave, et moi je ne suis pas votre ami, vous ne voulez pas que je le sois. A-t-on jamais vu un système plus confus, plus étrange, plus singulier !

Et faut-il tant de paroles pour exprimer une vérité?

Voici ma définition :

Mes ennemis sont ceux animés contre moi de mauvais sentiments et qui me font ou veulent me faire du mal ; mes amis sont ceux qui sont animés pour moi de bons sentiments et me font ou veulent me faire du bien. Est-ce que mon système, qui est le système de tout le monde, que je vous livre sans prétention, n'est pas plus clair et plus consolant que le vôtre ?

J'entendis chanter de vos chansons ; j'eus tout de suite de l'inclination pour vous; je sus vos malheurs, elle s'accrut; vous m'écrivîtes de Pouilly-sur-Loire pour me demander des détails sur des questions d'imprimerie... Je vous répondis avec empressement et longuement; je vous adressai un volume pour mieux vous initier à tout ce qui pouvait vous intéresser... Vous m'écrivîtes beaucoup de lettres. Je répondis à toutes et sympathiquement. Vous vîntes à Paris, je vous reçus amicalement, je vous fis asseoir à ma table, au sein de ma famille. Je suis sorti avec vous; je vous offris mes publications, ce qui ne m'est pas possible de faire pour tout le monde; vous fîtes de fréquents voyages de Paris à Pouilly et de Pouilly à Paris; de loin comme de près il y eut entre nous de l'intimité, des manifestations d'amitié. Pour moi, vous n'étiez pas un étranger, un simple monsieur; je vous considérais comme un ami, comme un frère, et je croyais jouir auprès de vous du même avantage. Je vois que j'étais dans l'erreur, et que mon amitié est repoussée. C'est rude, c'est dur, et si l'un des deux manque de tendresse, de bonté de cœur, assurément ce n'est pas moi.

Pour servir les ouvriers, nous prenons, comme vous me le faites remarquer, des routes différentes; vous voudriez, me dites-vous, les pousser du côté de la femme, soit. Mais quels conseils donnerez-vous à l'homme qui, quoique marié, a besoin d'être relevé par une parole amie? quelle femme lui offrirez-vous? D'autre part, que ferez-vous de l'ouvrier qui fait son tour de France, s'il n'a pas le courage nécessaire à sa vocation, s'il néglige l'étude, le travail, sa dignité? Lui conseillerez-vous la femme? et dans quel but? Pour le divertir seulement? C'est grave. J'entre pour un moment dans vos vues; pour se faire agréer d'une honnête personne, il promet le mariage, fait des déclarations ardentes et réitérées, atteste sa probité et la noblesse de ses intentions; il arrive à prendre le cœur, il séduit, il trompe une pauvre jeune fille sans protection, peut-être, et peut-être au sein de sa famille; ensuite il part, voyage de ville en ville, usant partout de la même tactique, et partout il laisse des cœurs brisés, des misères atroces et des familles dans la désolation. Comme c'est moral! Si, à défaut d'honnêtes filles, vous lui présentez des femmes banales, qu'on ne trompe certainement pas, croirez-vous avoir agi sur son âme d'une manière très-heureuse? l'aurez-vous poussé à l'étude, lui aurez-vous donné de l'énergie, lui aurez-vous fait aimer les vrais devoirs de l'homme et du citoyen? Sans doute l'homme et la femme sont faits l'un pour l'autre; mais malheur à celui dont la raison est trop faible et cède à tous les entraînements de la passion! il se blase, il s'énerve, il se perd. Le plaisir n'est pas le bonheur; il en est la ruine trop souvent. Il y a des liens moraux, il y a aussi des liens immoraux, et les ériger en système, c'est avoir peu de respect et peu d'amour pour la société.

Je vous entends crier :

« Où donc est ma brillante jeunesse? alors je ne serais pas resté une heure sans aimer, soit Finette, ou Pauline, ou Marguerite; belle ou laide, jeune ou vieille, il me fallait le contact d'une âme. O joyeuse vie! as-tu fui pour jamais? Jeunes filles, et vous, mes jeunes amis, parlez! est-ce que je n'étais pas plein de gaieté? Le jour, en travaillant, des chants et des ris; à la promenade, des chants et des ris; et le dimanche, au bal, les baisers qui se cadençaient avec l'harmonie de la musique. Après le bal, le punch s'allumait, flamboyait, ou bien les vins fins coulaient à pleins bords, extra des délices de l'amour. »

Et voilà ce qui inspire vos regrets et ce que vous appelez l'amour, et ce que moi j'appelle l'orgie; et voilà ce que vous offrez à l'ouvrier; et voilà, pour l'arracher du cabaret, ce que vous lui présentez en perspective... c'est séduisant! Le bal le dimanche, le punch flamboyant, les vins fins coulant à pleins bords, et des femmes pour joyeuses convives... oui, c'est séduisant; mais tout cela est très-coûteux; le gain de l'ouvrier n'y suffirait pas, et une telle conduite ne ferait que le dépraver, l'abêtir, le ruiner et le pousser à de nombreux désordres. L'homme qui use trop de la vie dure peu, et son cœur est rarement heureux; il connaît moins la joie que les gémissements et son sort n'est point à envier. Heureux l'homme qui trouve la paix et le bonheur au sein de sa famille.

Vous parlez d'amour, mais l'amour véritable aime la solitude, et n'a rien à faire dans ces lieux-là. J'en conviens, vous et moi nous ne procédons pas de la même manière.

Vous dites que les correspondances sont tout simplement une complaisance réciproque. Et moi je réponds qu'il y a deux sortes de correspondances : les correspondances d'intérêt, d'affaires, et les correspondances d'amitié. Il arrive aussi qu'on répond à une lettre par simple complaisance; mais les lettres de cette nature sont froides, brèves, rares, un fait isolé et ne constituent nullement une correspondance dans toute la rigueur du mot.

Si des libraires ou d'autres hommes m'écrivent pour avoir des livres pour leur vente ou leur usage, je réponds, et c'est là tout simplement affaire d'intérêt; mais s'il s'en trouve parmi eux qui, après m'avoir lu, me vouent de la sympathie, s'ils cherchent à propager mes livres, mes idées, mes sentiments; si un lien s'établit entre nous, si la correspondance se soutient, s'ils y mettent du leur, si ma cause devient leur cause, s'ils font preuve de bonne volonté, de dévouement à mon égard, je dois à la fin m'attacher à eux, les considérer comme mes amis, et je serais un homme insensible, un ingrat, si je leur refusais le titre qu'ils méritent si bien. J'ai beaucoup d'amis que je n'ai jamais vus, mais ils sont mes amis, mes véritables amis, du moment qu'ils font à mon égard des actes d'amitié. Moi, m'écrier que j'ai toujours payé trop cher les services qu'on m'a rendus, ce serait là du mensonge! Dieu m'en préserve!

Vous venez de publier un livre, souscrire à un exemplaire, ce n'est rien; mais il se trouve des hommes qui ont travaillé, qui travaillent à son placement avec une rare énergie... Ces hommes vous ont témoigné leur amitié par des lettres, et, dans tous les cas, ils vous la prouvent par des actes multipliés. Et cependant vous niez le sentiment qui vit pour vous dans le fond de leurs cœurs, qui les anime, les pousse à l'action, et vous leur dites brutalement : Vous n'êtes pas mes amis. Leurs services, jusqu'à présent, ne vous ont rien coûté, pas plus que ceux de M. Henri Léger et autres; et, néanmoins, comme dans votre lettre du 11 février, vous répétez ceci : « J'ai toujours payé trop cher les services qu'on m'a rendus. »

Expliquons-nous nettement, franchement, sans réticence. Le mot service vous effarouche; vous voudriez d'un ordre social où l'on pût se passer de services et d'amitié, et probablement aussi de fraternité. Si des personnes, et en grand nombre, ce qui se trouve constaté par votre récit, ont été bonnes pour vous, le souvenir de leur bonté vous est à charge, vous pèse, vous écrase. Le sentiment le plus doux, la reconnaissance est un supplice pour vous. De là ces répétitions fréquentes : « Que le ciel me préserve de manifestations nouvelles d'amitié ! — J'ai payé toujours trop cher les services qu'on m'a rendus ; — malheur à qui a besoin des autres, c'est quelquefois la mort qu'on lui prête. »

En supposant même qu'en retour de services minimes vous eussiez rendu les services les plus importants, il ne serait pas bon d'employer, en rappelant ces faits, les mots *payés trop cher*, mots de reproches, mots de regrets, de repentir, peu modestes, qui ne devraient jamais s'échapper de votre plume. Parler de la sorte, c'est faire injure à ceux de vos amis à qui ils s'appliquent, soit que vous ayez payé en nature, en action, ou par une sorte de reconnaissance tacite, dont ils ne peuvent apprécier toute la vivacité et toute la valeur. Le mot *trop* est toujours là de trop. Malheur, dites-vous, à qui a besoin des autres ! et quel est celui qui n'a besoin de personne ? L'enfant a besoin des soins de sa mère et de son père, et ceux-ci, à leur tour, ont besoin de l'appui de leurs fils ou filles. Les hommes peuvent tour à tour tomber dans la misère, la maladie, le malheur... et si les valides et les plus heureux aident aux souffrants sans les humilier, avec affection, avec douceur, ceux-ci n'ont pas le droit de s'en offenser, sans quoi ils ne prouveraient ni la solidarité de leur raison, ni la générosité de leurs cœurs.

Nous avions répondu à vos lettres avec cœur, nous vous avions accueilli avec cordialité, nous étions allé à vous franchement, loyalement, nous croyant digne de votre amitié; nous ne vous demandions aucun acte en retour, pas même de la reconnaissance. Nous n'avions rien fait pour vous choquer, vous blesser, vous humilier. Quand nous avons vu, dans votre livre, vos insultes à l'amitié, aux bienfaits, prétendant que vous aviez toujours tout payé trop cher, nous avions tenu compte de votre qualité d'exilé et de déporté, nous avions compris votre désillusion des choses les plus sacrées, et nous avions voulu vous donner l'occasion, dans un temps meilleur pour vous, de vous manifester d'une manière plus heureuse, comment nous répondez-vous? En aggravant ce qu'il y avait de fâcheux dans votre livre, et vous terminez ainsi :

« Je dis aussi, en terminant mon livre que, ayant retrouvé l'espérance et étant à la recherche de l'estime et de la sympathie, c'est peut-être ce qui me vaudra de nouveau quelque manifestation nouvelle d'amitié; que le ciel m'en préserve cependant. Malheur à qui a besoin des autres, c'est quelquefois la mort qu'on lui prête. »

Vous faites appel à l'estime, à la sympathie, et vous repoussez l'amitié; vous faites appel au zèle de vos amis, et la manifestation de ce zèle vous révolte et le regardez comme une sorte d'assassinat commis sur votre personne. Comme vous, j'ai souffert, et vos peines, mises en parallèle avec les miennes, seraient encore bien légères. Ma vie, plus longue que la vôtre, a été agitée d'une tout autre façon; mais que Dieu me préserve de tomber jamais dans semblable aberration, de montrer jamais si opiniâtre et si cruelle dureté.

Oui, je le répète, vos chansons m'avaient plu; elles m'attachèrent à vous; votre livre renferme encore des preuves de talent; vous avez le sentiment de la nature que vous aimez; Dieu vous avait créé poëte... et vous voulez que je ne gémisse pas de vous voir gaspiller des dons précieux pour aboutir aux abîmes? L'avenir vous dira si j'avais raison.

Vous m'appeliez : Mon cher Perdiguier! je vous appelais : Mon cher Chabanne; nous étions très-dévoués l'un pour l'autre, nos lettres en font foi. Moi, je savais bien ce qui se passait dans mon cœur. Mais il vous plaît de lire en moi mieux que moi, de me contester mes sentiments et de me repousser... Conduite étrange, dont je n'ai point vu d'exemple jusqu'à ce jour. Je me retire donc, et vous laisse marcher à votre guise. . Mais vous suivez une voie funeste, je vous en avertis, sans avoir l'espoir, il est vrai, de vous éclairer. Mon devoir est accompli... allons donc chacun où Dieu nous conduira.

Recevez, monsieur, mes salutations empressées.

AGRICOL PERDIGUIER.

Pouilly, le 4 mars 1862.

Mon cher Perdiguier,

Il y a exagération dans tout ce que vous soutenez, et permettez-moi de m'exprimer ainsi que d'habitude. Pourquoi me troubler ainsi l'esprit en venant m'accabler de la sorte? Je me serai peut-être mal expliqué. Alors mettez un peu de bonne volonté pour me comprendre. A première vue, de suite, vous vous fâchez, vous m'abandonnez, vous vous retirez. Plus de sympathie, plus d'intimité, plus d'amitié pour moi. Mais cela n'est pas possible, j'en suis certain; car, moi, plus je me dévoue à une chose, plus je m'y attache: et vous vous êtes dévoué pour moi.

Je vous affirme que vous vous trompez sur le jugement que vous portez sur moi, et je vais tâcher de mieux m'expliquer tout en répondant à votre lettre.

Après votre première citation vous dites :

« Le rôle de l'ami d'après cela serait très-facile. Il n'aurait qu'à recevoir. » (Vous voulez dire le protégé.) Non pas, il n'aurait qu'à donner, ce qui rend le vers de La Fontaine très-vrai. Et vous dites alors, « donnez, donnez toujours, » et sans doute. Tous ceux qui souffrent sont nos amis, ce sont nos frères, c'est notre devoir de les soulager, « sans les humilier avec affection; » mais ils n'en sont pas moins malheureux, et, sans leur malheur qui éveille notre pitié, nous ne songerions pas à porter des secours, rendre des services; et tout le monde s'en passerait parfaitement. Bien certainement qu'on n'a rien à exiger de la personne de qui l'on vient de se constituer l'ami par un bienfait, vu qu'on ne l'a pas fait par spéculation. Autrement ce serait de l'égoïsme. Que penseriez-vous de M. Léger s'il comptait sur mon amitié parce qu'il m'a rendu des services?

Oh! si j'avais dit cela, je serais un misérable!!! je n'aurais aucun bon sentiment. Mais je l'ai trop profondément ce sentiment. Si je vous disais (puisqu'il faut se confesser de tout) que j'ai constamment dans la pensée toutes les personnes qui m'ont rendu quelque service, et que je ne peux pas assez les oublier pour penser à mes propres intérêts. Non, je n'ai pas encore payé trop cher le service que m'a rendu M. Léger, et je ne le lui désire pas, car il serait dans une triste situation; mais il arrive quelquefois cependant que les plus grands, les plus forts ont besoin des plus petits, des plus faibles. Mais supposer que je n'ai aucune reconnaissance. Ah! je ne suis pas étonné que vous vouliez briser le lien qui nous unissait depuis longtemps, si vous me croyez de pareils sentiments. Sans doute, j'ai raison quand je dis : Ils se sont constitués amis de moi; je ne puis plus douter d'eux, tandis qu'ils peuvent douter de moi. Et pourquoi ne me suspecterais-je pas? Ne m'obligez donc pas de faire une profession de foi, il y en a tant qui ont oublié leurs belles promesses. N'avez-vous pas vu de ces êtres sans reconnaissance, qui, après avoir reçu d'éminents services, ont rendu en compensation d'effrayantes ingratitudes.

Vous dites : « Je vois que j'étais dans l'erreur et que mon amitié est repoussée; » moi, repousser votre amitié! quand je l'ai demandée, cherchée, obtenue; j'en suis plus qu'heureux, j'en suis fier, et je la repousserais?

En effet, je serais un être incompréhensible si j'avais tenu un pareil langage.

« Quels conseils donnerez-vous à l'homme qui, quoique marié, a besoin d'être relevé par une parole amie. »

Je lui dirai ce que je lui dis dans mon livre, à la page 88, qui commence par ces mots : « O vous! qui êtes en famille, fuyez ces lieux où l'on se réunit pour fêter l'amour sans la femme, » et qui termine, page 89, par ces mots : « Il goûtera dans son intérieur le seul vrai bonheur, celui de la famille. » Quant à celui qui voyage, je le conduis vers la femme, il est vrai, mais je cherche aussi à lui donner l'amour de la nature entière, de l'étude ; ce qui le porte à l'admiration, à la réflexion. Voyez, pages 136 et 137, ce que je dis à mon frère.

Mais est-ce une loi bien naturelle que de voyager? Moi j'en ai toujours cruellement souffert. Lorsque je quittais un pays, il m'était déjà une patrie ; je sentais se briser quelque tendre lien qui s'était parfois formé à mon insu, et c'est toujours avec la tristesse du cœur que je m'en séparais. N'était-ce pas là une partie de moi-même que j'abandonnais. Je brisais avec des habitudes d'abord ; on porte son affection sur des fleurs, des lieux charmants, où, pendant un instant votre âme a rêvé la joie, a jeté sa séve avec plus de vigueur que d'habitude. (Cette coutume de se séparer continuellement de ce qui vous est cher ne rendrait-elle point dur, insensible, indifférent ?) Qui affirmerait que ces lieux même n'en souffrent pas de cette séparation? que vous ne leur avez pas communiqué cette affection et qu'ils ne se sont pas réjouis avec vous? Mais oui, j'en suis certain, j'ai visité des lieux qui m'ont parlé ; mon âme était trop profondément touchée, agitée pour qu'elle ne subît pas l'influence d'une voix secrète, voix mystérieuse, voix de l'harmonie que mes sens matériels n'entendaient pas, mais que l'immatériel, l'âme, entendait et comprenait parfaitement.

C'est bien autre chose lorsqu'on a eu quelque rapport intime avec la femme et qu'on s'est mutuellement raconté ses espérances. Mais ce n'est pas plus cela que l'amour du travail qui vous attache spécialement à la vie; le travail n'en est qu'une nécessité. Ceux qui disent qu'on a l'amour du travail, que c'est une noble ardeur, ne travaillent généralement pas; pourquoi ne font-ils pas cette noble action? Ce qu'on nomme amour du travail, n'est autre qu'une ardeur naturelle dont on n'a pas encore trouvé ce à quoi elle doit s'appliquer et qui se manifeste dans le travail, chose indispensable à la vie, puisque tout travaille dans la nature, excepté ce qui vit sur le travail d'autrui : chose injuste.

Est-ce bien naturel de voyager? dis-je, et surtout dans l'isolement.

Les animaux voyagent aussi, il est vrai, lorsqu'ils y sont obligés; mais ils ne voyagent pas seuls. Lorsque le mâle émigre, la femelle émigre aussi, et vous voulez condamner l'humanité à une séparation aussi cruelle, quand les animaux, qui ne sont soumis qu'à des instincts, ne pourraient l'accepter et ne l'acceptent pas? Notre raison, à nous, ne nous conseille pas d'abandonner le poétique, le beau de notre vie, ni pour un long, ni pour un court délai.

Tant que le jeune homme qui voyage est insensible à l'amour, bien! Mais, lorsque ce sentiment se développe, se fera-t-il violence? et pourquoi? Il doit alors cesser de voyager ou bien emmener avec lui la poésie de son âme, la femme qu'il lui faut, sous peine de se corrompre, se perdre complétement. L'oiseau, lorsque vient le printemps, fait son nid. L'homme, quand vient son printemps, c'est-à-dire l'heure où le besoin de reprocréer se fait sentir, doit-il le faire? Ah! voilà de quoi raisonner. Moi, je crois que oui; parce qu'il n'aura pas le temps de se créer des habitudes funestes. A la suite de l'amour qu'il a pour la femme, naîtra l'amour de sa famille, incontestablement parce qu'on n'abandonne pas ses enfants; l'âge viendrait au sein de passions naturelles, d'affections tendres, nous amènerait la sagesse, et les vices ne songeraient point à naître.

Quant au célibataire qui voyage, c'est-à-dire le vieux compagnon, que voulez-vous qu'il fasse autre chose qu'un ivrogne ou un joueur, s'il est condamné à voyager seul, isolé de la femme? Du reste, Michelet, compétent en cette matière, dit : « Qu'il n'a jamais rencontré cet être mythologique. Que tel se marie pour un mois, un jour, une minute. » Et ce n'est que trop vrai qu'il est impossible de vivre sans elle, sans commettre quelques imprudences nuisibles à soi, nuisibles à tous. Donnez-lui une femme aussitôt que le besoin le presse, que la nature parle (elle sait mieux que nous); il ne courra point après elle en attendant qu'on lui en décrète une, puisqu'on ne peut pas s'unir légitimement avant d'avoir dix-huit ans, sous peine d'être méprisé par le reste de la société : dix-huit ans n'est pas le terme! Le terme, c'est l'âge viril. Comment les diriger autrement? je n'en sais rien. Ce qu'il y a de bien certain, c'est que c'est assez difficile. Quant à vos conseils, ils sont tous bons, mais ils ne sont pas suffisants, surtout pour les corporations qui n'ont besoin que de peu d'intelligence. L'artiste, lui, se passionne; il peut croire un instant que ce qui vient de naître en lui n'est que l'amour de son travail; il aspire à la gloire; une récompense lui peut venir s'il fait quelque chose de grand, si son aspiration est belle, que sa pensée guide sa main avec précision. Voilà son stimulant, la gloire productive. Mais le manœuvre, où sera sa récompense? d'où peut lui venir son stimulant? sa famille seule, s'il en a une (je dis manœuvre comme je dirais tout autre métier qui ne demande que peu d'intelligence), qui peut l'exciter, le livrer à l'étude du dessin. Parce que l'on n'apprend tout cela que quand on est sûr que ce vous sera de quelque utilité. Il est dur à un certain âge de se livrer à ces travaux intellectuels; moi, je n'en aurais jamais eu le courage; la prison cellulaire, seule, me le permit, parce que je n'avais pas d'autre distraction.

Oui, c'est bien difficile de tracer une voie sûre au jeune homme qui voyage. Je le conduis vers la femme, mais je ne lui dis pas de la tromper. « S'il lui promet le mariage, » qu'il l'épouse; lorsqu'on promet on tient parole; celui qui agit autrement, agit mal!!! Cependant, quel est le jeune homme, à partir de son enfance jusqu'au jour de son mariage, qui n'a pas ouvert son cœur à dix jeunes filles ou femmes; enfin, citez-moi un exemple; car, quand on sent, on parle.

Gardez donc vos jeunes gens dans une chambre, seuls, à dessiner, étudier continuellement, isolez-les complétement de la femme, que deviendront-ils? Que feront-ils? Ce que font les marins en mer après leurs manœuvres. Voilà l'isolement! Et les marins font rarement un voyage de plus de six mois; des compagnons voyagent dix ans et sont généralement plus jeunes, plus ardents. Préférez-vous cela à ce que vous appelez mon orgie, et que vous me faites appeler amour?

Vous me rappelez des temps malheureux, où, du sein de l'exil je cherchais à revivre dans des souvenirs (que je regrette), dont j'entretenais ma famille; quand je parlais de ces temps, où il me fallait absolument « le contact d'une âme, » et vous m'adressez cela comme un reproche. Sachez donc bien que les plus ardents sont toujours les meilleurs; et cependant je me souviens de l'opinion de ma mère à cet égard : elle me préférait au bal qu'au jeu, comme elle me préférait à la prairie, au bois qu'au bal; mais au bois l'on y va rarement seul.

Je n'appelle point amour ce que vous appelez orgie. Mais il est bien certain, mon cher Perdiguier, que cette orgie existera toujours, à moins qu'on ne supprime les bals, les cafés. Ce que vous ne défendez pas vous-même, puisque vous les organisez, les conduisez (encore auriez-vous toujours à votre maison une bouteille de vieille et douce liqueur à offrir à vos compagnons de plaisir); certainement que les bals où se réunissent les mauvaises filles seraient bons à supprimer, ce qui est impossible sous peine de causer un fatal isolement. C'est alors que les parties de cartes et de billard prendraient de l'importance; la vieille Sodome se rebâtirait bien vite; à moins qu'on ne supprime les bals, dis-je, vous ne supprimerez point ce que vous appelez orgie, et que je nomme : « Extra des délices de l'amour. » Parce qu'à l'heure d'où vous venez d'avoir le contact de la femme, le cœur a éprouvé un dilatement d'où s'épanche une générosité toute poétique et énergique à la fois; il y a une impulsion de donnée dont on n'est pas toujours maître; on avait été tellement heureux que, lorsque votre bonheur commence à s'évanouir, on s'échauffe par de doux breuvages afin de le conserver encore; voilà pourquoi j'appelle cette action « extra des délices de l'amour. » User n'est pas abuser. Il ne faut plus comparer votre expérience méditative à la fougue ardente du jeune homme excité par l'amour, la musique, les liqueurs parfumées, par une double espérance qui quadruple son ardeur. Arrêtez donc, s'il est possible, l'eau de quatre fleuves qui débordent, vous verrez quelle submersion.

Je réponds à votre lettre page par page.

J'arrive au passage qui concerne les correspondances que j'accepte en entier. J'ai peut-être été un peu trop bref dans les détails que j'ai donnés; je n'avais peut-être pas assez réfléchi avant d'écrire.

Tout le reste, je l'approuve de même, quand vous dites : « que vous êtes l'ami de ceux qui vous témoignent de la sympathie en cherchant à propager vos ouvrages. » Celui qui s'attache à vos pensées, s'attache à vous-même. Je suis aussi bien loin de penser que vous n'en avez aucune reconnaissance et que vous y soyez indifférent, ce serait une trop grave insulte vous faire que de porter contre vous un pareil jugement; vous dites :

« Moi, m'écrier que j'ai payé trop cher les services qu'on m'a rendus! ce serait là du mensonge! Dieu m'en préserve. » Vous voulez dire que ma plainte est injuste, fausse! Si ce n'est point cela que vous voulez dire, tant mieux! c'est que vous n'avez jamais rencontré d'ingrats. Mais croyez au moins que je sais distinguer les services qu'on m'a rendus, soit pour aider ma souscription ou le placement de mes livres que pour toute autre chose. Vous êtes injuste à mon égard; moi, « nier le sentiment qui vit pour moi dans le fond de leurs cœurs, » quand je rougis de tout ce qu'ils ont fait pour moi par pur dévouement. Je doute de moi à cet égard, je doute si je l'aurais fait moi-même avec autant d'empressement, et vous ne voulez pas me permettre ce doute, et je dis brutalement à ces personnes : « Vous n'êtes pas mes amis! » J'ai dit le contraire. Vous vous êtes constitués mes amis, mais rien ne vous prouve encore que je sois le vôtre. « Je n'ai point encore fait mes preuves, » à part la confiance que vous pouvez avoir de ma reconnaissance.

Mais je crois bien que le mot « service » m'effarouche. Je voudrais bien ne pas être susceptible, ni d'en rendre, ni d'en recevoir. Les ouvriers qui chôment à Lyon, à Saint-Etienne et dans tous les coins de la terre, seraient moins malheureux, et la pitié ne serait point à la peine de nous rendre fraternels.

On dit quelquefois : Telle personne est morte de faim! Pourquoi n'a-t-elle pas demandé des secours? On les nomme les pauvres honteux. Pourquoi? C'est qu'il est dur de demander ou de recevoir; c'est que, parfois, l'on préfère la mort que d'avoir à rougir d'une pareille humiliation.

Oh! oui, lorsqu'on en est à la reconnaissance, c'est qu'on a été bien digne de pitié; c'est-à-dire bien malheureux. De pareils souvenirs ne sont pas faits pour réjouir une âme brisée. Oui, l'on est heureux de soulager une misère, c'est une bonne action; c'est du bonheur pour celui qui la fait, parce qu'il met le bien à la place du mal. Ce qui fait la gloire de Dieu, c'est d'avoir tout organisé avec harmonie, et que tous ces êtres sont faits pour jouir, pour aimer, être heureux en un mot. On peut aussi dire qu'on a la souffrance, mais la souffrance n'est qu'une preuve, une manifestation de l'amour, sa sœur.

Mais qu'on est malheureux d'inspirer la pitié!!!!

Oui, le mot de *trop* est peut-être de trop. J'ai peut-être manqué de prudence en l'écrivant; mais il était cependant vrai lorsqu'il tombait de ma plume. Et puis, vous verrez, en lisant le dernier alinéa de la Préface, que ce cri de détresse pouvait se supprimer, et que je l'ai conservé par respect pour mon mal, ce qui prouve assez que j'avais moi-même condamné ce raisonnement.

Je suis cruellement affecté en remarquant que vous n'avez, jusqu'à ce jour, traité qui que ce soit avec autant de dureté. Je ne croyais cependant pas voûs avoir blessé au point de détruire toute sympathie entre nous.

J'ai bien cherché le mal, je ne le trouve pas; tout ce que je vous ai écrit se rapporte au moment où je l'écrivais; vous n'eussiez pas dû me le reprocher, puisque je préviens que j'aurais pu supprimer tout ce qui avait été écrit sous la plus douloureuse impression; de plus, vous paraissez accepter cela pour vous. Je n'ai jamais eu la prétention de savoir mieux que vous ce qui se passait en vous; je n'ai jamais contesté vos sentiments. J'ai dit que nous allions au même but par des voies différentes. Je n'ai point dit que la vôtre était mauvaise, et deux chemins ne nuisent pas; s'il y a encombrement vous vous retirez, parce que vous me dites : Je vais au Louvre, mais je passe par la rue Saint-Honoré, et que je désire passer par la rue de Rivoli, si je la trouve plus belle, plus courte; j'ai peut-être tort, qu'importe! Est-ce une raison pour ne pas nous parler en arrivant? Mais nous n'en éprouverons que plus de bonheur, si nous sommes sympathiques, d'avoir été un moment isolés pendant le voyage.

« Vous faites appel à l'estime, à la sympathie et vous repoussez l'amitié. » Pas l'amitié comme vous l'entendez; à cet égard, je pense comme vous.

« Vous faites appel au zèle de vos amis et la manifestation de ce zèle vous révolte. » Ce serait ma position qui me révolterait, c'est que je serais de nouveau dans une profonde misère. *Dieu m'en préserve*. « Et le regardez comme une sorte d'assassinat commis sur votre personne. » Oui, le plus petit service inspire la reconnaissance ; quoique ce soit un doux sentiment, c'est fort pénible de l'éprouver ; on est si bien moralement engagé, que beaucoup de personnes ont payé de leur vie, après avoir engagé leur patrimoine. Tout cela en remplacement du moindre service qui avait inspiré la reconnaissance, et on la donne sans reproche, sans regret. Je crois qu'on ne se sacrifierait pas ainsi pour tout le monde; c'est donc une gratitude de la reconnaissance.

Je n'ai pas que « le sentiment de la nature. »

J'aime aussi ma famille, le travail. Je déteste le fainéant, l'ivrogne, le fumeur, sans le fuir, cependant : je le moralise.

Vous voyez bien qu'il me reste encore quelque chose de bon pour que vous ne me retiriez pas votre amitié; je vais même jusqu'à détester les menteurs, les hypocrites et les orgueilleux.

Ne vous retirez donc pas, ne me traitez donc pas de *monsieur*. Est-ce parce que je vous dis que ce titre est quelquefois blessant lorsqu'une certaine intimité est établie entre deux personnes que vous me l'appliquez, que vous me mettez une enveloppe ministre? je vous croyais pourtant généreux, moraliste, patient, persévérant, et vous me paraissez impitoyable. Ne m'abandonnez pas à moi-même ;

j'ai trop besoin de guide; mais permettez-moi de faire quelque réplique en faisant toujours appel à la raison; laissez-moi vous dire ce que je sens, ce que je pense, et ne pas accepter aveuglément, même l'opinion du plus célèbre. Après plusieurs avis, je me soumets à la majorité si elle me condamne, quoique la majorité ait quelquefois tort. Ce n'est qu'à force de chercher, de discuter, qu'on finit par arriver à la vérité. L'alchimiste a donné le jour à la chimie. L'erreur fera place à la vérité. Si je me trompe, reprenez-moi sans colère, éclairez-moi. Je déteste les ténèbres! J'aime la lumière! Votre devoir n'est pas accompli et je ne veux pas aller à la garde de Dieu sans vous.

Et croyez-moi votre tout dévoué.

H. Chabanne.

Paris, le 11 mars 1862.

Mon cher Chabanne,

Si, dans ma dernière lettre j'avais mis de côté le titre d'amitié que je vous donne habituellement, ne vous en prenez qu'à vous. Ma lettre est l'expression d'un sentiment pénible; mais elle ne renferme aucune colère; que disiez-vous dans la lettre à laquelle j'ai répondu?...

« Certainement que j'ai connu de braves et d'honnêtes gens et que je veux tâcher d'éviter des services de leur part, puisque c'est précisément ce qui fait distinguer la chose; l'amitié, c'est ce qui la fait se manifester. »

« Vous n'êtes, enfin, ni mes amis ni mes escla-
« ves; que le ciel me préserve de manifestation
« nouvelle d'amitié, etc., etc. »

Du moment que vous ne vouliez pas de nous pour amis, que vous nous le disiez, comment, non-seulement dans votre livre, mais encore dans une lettre en réponse à la nôtre, nous étions bien obligés de nous retirer.

Je ne reviendrai pas sur votre lettre, la plus singulière, la plus blessante que j'aie reçue de ma vie, lettre que vous n'avez peut-être pas sous les yeux, que vous avez sans doute écrite à la hâte, et qu'il faudrait relire avec vous pour vous en faire remarquer les contradictions et les passages malheureux.

Dans votre lettre du 4 mars, vous maintenez votre système sur la nécessité de pousser l'ouvrier du côté de la femme. Il me semble que, jusqu'à ce jour, les hommes et les femmes n'ont pas trop vécu séparés les uns des autres. On voit des époux, des amants, des liaisons de toutes les sortes, des bals de toutes les natures, et le monde n'est pas prêt à finir, soyez-en persuadé. Pousser les hommes du côté du plaisir, c'est un rôle facile, et même inutile, car les passions ont assez de force, de violence, pour se faire obéir de tout ce qui respire, et quelquefois au détriment de la mouche, de la raison et des progrès de la civilisation. Ce ne sont pas les habitués des bals de Paris et d'ailleurs qui peuvent inquiéter les mauvais gouvernements et préparent les rénovations sociales. Il y a un bal près de notre porte, on y danse le dimanche, le lundi, le jeudi. Les effets en sont dégoûtants et horribles. Les hommes et les femmes qui vont là en perdent toute dignité, tout courage, tout amour du prochain; je tremble sur notre avenir, quand je remarque ce progrès dans le désordre.

Vous me demandez si je veux supprimer ces bals. Non, pas même des maisons plus infâmes. Mais, quand d'autres prêcheront le plaisir, moi je prêcherai le devoir; et chacun remplira son rôle ici-bas. Trève donc à une discussion qui ne pourrait pas nous convaincre ni l'un ni l'autre, et suivons chacun notre voie.

Quand vous viendrez à Paris, nous lirons ensemble votre lettre, et vous comprendrez certainement que je n'avais pas lieu d'en être satisfait. Nous toucherons aussi à d'autres questions, et, de près comme de loin, je vous conseillerai la raison, le courage, l'énergie et tout ce qui peut mettre l'homme en possession de lui-même, et le rendre plus calme, plus fort et plus heureux.

Je suis sans colère, sans rancune, sans fiel, mais la franchise est dans ma nature, et je ne saurai jamais m'en départir.

Votre tout dévoué,

AGRICOL PERDIGUIER.

Bourges, 7 avril 1862.

Cher Henri,

Il s'est écoulé neuf ans depuis notre dernière entrevue. Tu te rappelles sans doute le jour où je partais de La Rochelle pour Bordeaux, avec notre sincère ami Modeste Lombrage; c'était je crois le 5 ou le 6 février 1853. Je reçus cependant deux fois de tes nouvelles cette même année. Dans le mois d'avril tu m'as adressé huit pages de vers, ayant pour titre : *Ma Religion*. Puis, une autre fois, j'eus encore de tes nouvelles par l'intermédiaire d'Odronneau, ce fut la dernière fois directement.

A partir de ce moment, mes pensées furent souvent dirigées vers toi, cher ami; de temps en temps je relisais tes vers sans être bien sûr de ta position, sans savoir même si tu étais mort ou vif. J'appris indirectement que tu avais subi une condamnation; ce que je ne pus savoir, c'est le lieu où l'on t'avait conduit. En 1859, après cette *charmante amnistie*, je me trouvais à Vierzon, où je vis notre ami Ploquin, d'Issoudun. Il me dit : Je crois tenir de bonne part que notre ami Henri est à New-York; nous parlâmes de toi assez longuement, et depuis, nulle voix ne m'avait fait entendre ton nom, jusqu'au 15 mars 1862, jour où je vis ton noble nom sur la couverture d'un livre dont tu es l'auteur et le courageux acteur.

Ce livre était chez un de mes amis, il lui avait été apporté par un des siens, de Nevers. Il me dit :

Connaissez-vous cet ouvrage? Après l'avoir vu, je réponds : l'ouvrage, non, mais l'auteur, c'est un de mes sincères amis.

Juge de ma joie, de ma surprise, de mon bonheur! Je venais d'apprendre que tu étais au sein de ta famille, que tu étais libre enfin. Je venais aussi d'apprendre que tu venais de publier tes malheurs et tes souffrances pour les livrer au public, pour instruire et moraliser tes frères.

Que je suis heureux de te savoir parmi nous; d'apprendre de ta bouche que ton courage n'est point abattu, que ton esprit est lucide, que ton cœur, quoique ulcéré par tant de misère, n'en est que plus vivace et plus pur. Louanges à toi, mon cher ami.

Ton corps est donc trempé comme de l'airain et ton âme comme du granit, pour avoir résisté à tant de misères, à tant d'humiliations? Tu n'as pas voulu mourir, cher ami, tu as lutté entre et contre tous. Ces mots : Liberté! Amour! n'étaient donc pas de vains mots pour toi, digne et courageux apôtre de la foi et de l'espérance! Quel est donc le cœur qui ne s'attendrirait pas en lisant ces tristes pages pleines de morale et de vérité. Tu es le plus digne, parce que tu as le plus souffert. Aussi, j'espère que ton ouvrage sera bien accueilli par tous les cœurs dévoués et sensibles.

Après avoir entièrement lu ton ouvrage, après avoir assisté à toutes les souffrances, à toutes les tortures dont tu as été la victime, je me suis demandé quelle peut être la force surnaturelle qui commande à tes sens résolus? Est-ce le hasard? est-ce le destin? est-ce la Providence? C'est peut-être l'un et l'autre. Toujours est-il qu'il y a bien longtemps que l'on cherche vainement la justice et la vérité chez les hommes. Si elle découle d'un principe plus parfait, pourquoi ne se montre-t-elle pas souvent équitable et bienfaisante, au lieu de se laisser entrevoir sous d'obscures ténèbres?... Le malaise, qui accable aujourd'hui tous les travailleurs, empêche la sympathie et nourrit l'égoïsme. Je n'ai nullement besoin de te le dire, etc., etc...

GABRIEL MARGRITAT.

P. S. J'ai lu et relu ton aimable livre, j'ai fait quelques remarques, les voici : Tu dis, page 35, que la vie n'est que réciprocité; partant de ce principe, je te trouve un peu en contradiction avec toi-même. Le mot réciprocité signifie, je crois, donner ou rendre en retour de ce que l'on a reçu, proprement exprimé. Donc, il y a contradiction, puisque tu dis, même page, paragraphe v : « *Que les pères et mères sachent bien que leurs enfants ne leur doivent rien,* » et, s'ils ne leur doivent rien, il n'y a pas réciprocité; le principe se trouve détruit par cet argument.

« On aime ses enfants par instinct; les animaux nous en donnent l'exemple, dis-tu; » oui, au point de vue naturel; mais comme nous sommes supérieurs aux animaux par des dons surnaturels, nous avons, par conséquent, d'autres devoirs à remplir les uns envers les autres, etc., etc., etc.

G. M.

RÉPONSE.

Mon cher Gabriel,

Je n'entre dans aucun détail d'amitié et m'empresse de répondre à ta critique. C'est avec le mot réciprocité que tu me vois en contradiction; expliquons-nous donc.

Tu me dis que « le mot réciprocité signifie donner ou rendre en retour de ce que l'on a reçu. »

Je crois qu'il serait cependant plus rationel de dire qu'il signifie recevoir ou rendre en retour de ce qu'on a donné ou reçu. C'est bien là ce que tu as voulu dire. N'est-ce donc pas réciprocité que de rendre à celui-ci ce que l'on a reçu de celui-là?

Je me suis cependant assez bien expliqué, quand je dis : La mère, en élevant ses enfants, ne fait que rendre ce qu'elle a reçu de sa mère; voilà cependant le reçu et le rendu, c'est-à-dire que ma mère m'a élevé jusqu'à vingt ans. J'élève les miens jusqu'à cet âge, et les miens les leurs. Relis ces paragraphes avec attention, et tu verras que ta critique ne porte pas, car la réciprocité personnelle n'est pas toujours possible; preuve, c'est que ma mère m'a donné le jour et je ne le lui ai point donné, c'est-à-dire que ce n'est pas le fils qui fait la mère, et c'est la mère qui a fait le fils. Est-ce que les sentiments mutuels qui sont nés de bontés mutuelles ne sont pas des liens rattachés aux lois de nature? et la nature ne se viole pas; le cas n'existe que page 35, premier paragraphe : « Si vous les faites souffrir (vos enfants) en les maltraitant, ils vous le rendront en vous méprisant. » Et puis, relis le deuxième paragraphe de la page 36; il me justifie pleinement.

Comment, mon cher Gabriel, tu en es encore à nous croire supérieurs aux autres animaux; nous sommes d'abord moins beaux; allons-nous nous comparer au faisan, au coq, au chardonneret, au paon, à tous ces oiseaux aux plus riches couleurs? Tant blanche soit la femme qui n'ose pas se montrer au soleil, a-t-elle la blancheur du cygne? Mais, si nous étions nus, nous serions hideux, nous ressemblerions à des êtres ébauchés. Nous, supérieurs? Erreur profonde! Est-ce donc parce que nous avons la puissance de les détruire que nous sommes supérieurs? Mais une tuile qui me tombe sur la tête est donc plus puissante qu'un lion, puisque je peux me préserver de ce dernier et non de l'accident du hasard qui vient de me frapper? Ainsi, une chose qui nous est un instrument me tue, parce qu'il plaît au vent de la détacher d'un toit; si Dieu allait aussi courir les risques d'être détruit par une de ses créatures, quelle maladresse! O homme! où donc est ta supériorité? Elle est fort douteuse si l'on se rattache à la logique du raisonnement.

Ne voit-on pas tous les animaux organisés de manière à ne jamais varier dans leurs instincts? Est-ce que cela n'annoncerait pas la perfection de ces êtres dans la création? tandis que l'homme est tout imperfection puisqu'il varie, progresse sans cesse.

On dit qu'il n'y a pas de temps d'arrêt dans la nature, cela est faux; l'oiseau fait toujours son nid de la même manière, ainsi que le castor, le lion, etc., etc.

L'oiseau n'a-t-il pas l'air d'être très-heureux lorsqu'il chante sur la branche de l'arbre? Audacieux l'homme qui prétendrait avoir au cœur plus d'espérance; mais il y a plus encore : pour qu'il ne se blase pas de toujours chanter son même air, il faut qu'il soit harmonieux, sublime, divin! tandis que l'homme se blase de tout, de ses chants comme de ses plaisirs; il cherche le bonheur sans jamais l'atteindre, tandis que la brute paraît toujours le posséder. Un rayon de soleil lui donne une extrême joie; elle ne se vicie pas comme l'homme; elle ne fume, ni ne chique, ni ne prise, ni ne s'enivre. Comme lui, mieux que lui, elle connaît les remèdes qui la guérissent lorsqu'elle est malade; quand nous ne faisons que commencer à nous faire transporter à grande vitesse, l'hirondelle a toujours traversé les mers pour jouir constamment. Quand nos aérostats l'atteindront-ils, quand l'atteindrons-nous? orgueil humain!

La brute est plus stable à ses instincts que l'homme, cet animal raisonnable. Car, un chien, pour porter atteinte aux lois de sa nature, c'est-à-dire le dresser, on est obligé d'avoir une trique ou un fouet, tandis qu'on dresse l'homme sans le battre. Mais, puisqu'il a la raison, il devrait protester plus énergiquement que la brute qui n'en a pas. On l'enchaîne, il ne se défend pas; on lui tourne le cerveau (chaîne morale), il ne se défend pas; on viole en lui tout ce qu'il y a de sacré, de divin, sa liberté! il ne se défend pas! tandis qu'un lièvre qu'on prend dans des lacets, se brise les membres pour échapper à la mort; lorsqu'on le prend, il se laisse mourir de faim plutôt que de perdre sa liberté! c'est qu'ils sont strictement enfermés dans les lois de la nature; c'est que, pour eux, tout ce qui est vérité n'est pas erreur. Mais nous, nous nous croyons supérieurs, parce que nous avons la faiblesse de tolérer toutes les injustices, toutes les tyrannies! Ne devrions-nous pas préférer la mort à l'esclavage, si nous n'étions pas inférieurs à la brute? Et ce qui prouve le plus en la défaveur de notre espèce, c'est que nous nous asservissons nous-mêmes, tandis que la brute n'est asservie ou détruite naturellement que par une espèce supérieure qui a besoin de la vie de celle-ci pour préserver la sienne. Mais, lorsqu'on pense que l'homme exploite l'homme, qu'il prive chaque jour son semblable d'un morceau de pain, c'est hideux! Oui, l'homme est moins que la brute; donc, chaque espèce se soutient mieux que l'espèce humaine; car elle fuit le mensonge, ce qui est vain; elle se brise les membres plutôt que de tolérer les fers. Oui, la brute est une nature forte; oui, l'homme est une nature faible. La brute se défend, l'homme ne se défend pas; la brute a du courage, l'homme n'en a pas; et tu me dis qu'il a des dons surnaturels! Où sont-ils?

1° Il n'y a rien de surnaturel, tout est naturel; tout se confond dans l'harmonie universelle.

Mais nous n'avons pas plus de devoirs à remplir les uns envers les autres que les autres animaux. Si nous remplissions seulement aussi bien qu'eux nos devoirs les uns envers les autres! Si on les attaque, ils se défendent collectivement; s'ils ont besoin, pour trouver leur nourriture ou sauvegarder leur vie, d'attaquer collectivement, ils le font. La brute a ses mamelles ainsi que l'espèce humaine; elle ne dévie pas des lois de sa nature dans sa progéniture; elle défend ses petits dans la mesure de ses forces s'ils sont attaqués, et seule les nourrit; l'espèce humaine lui refuse ses mamelles, elle les abandonne à des soins mercenaires; elle les jette dans des maisons qu'on appelle maisons des Enfants-Trouvés; en tolérant ces maisons, on facilite le crime, car on autorise ou facilite la mère à abandonner son enfant. Il est vrai qu'une pauvre fille est flétrie par le vulgaire lorsqu'elle a le malheur d'être mère avant que la loi des hommes lui permette de la devenir; qu'elle se mette donc au niveau de la brute, et elle bravera tous les faux jugements, tous les préjugés d'un idiot vulgarisme.

Suffit-il donc pour reconnaître que l'homme soit supérieur à la brute, qu'il fasse de longs discours, et tu crois la brute muette? mais l'on doit se tromper; parce qu'on n'entend pas leur voix, faut-il conclure qu'ils ne se disent rien, et ils se comprennent cependant. Si, seule, leur présence dit tout, mais ils sont plus parfaits. Est-ce que notre langage amoureux n'est pas de ce genre ; en est-il de plus doux cependant? Est-ce qu'une main dans la main, des yeux dans des yeux, un baiser, n'en ont pas toujours plus dit que toutes les plus grandes manifestations écrites ou dites ? Ils se trouveraient donc perpétuellement dans l'état où nous ne nous trouvons que dans des moments précieux. Le plus bel écrivain, c'est celui qui dit beaucoup de choses en peu de mots; en mécanique, c'est la simplicité qui fait l'économie : le levier et la vis en ont plus dit comme force que toutes les combinaisons possibles.

Ah! tu te crois supérieur à la brute! Est-ce parce que nous avons des académies? Tout cela a ajouté beaucoup au bonheur du genre humain ! Mais, ton chien, ton cheval connaissent le danger comme toi ; si ton cheval recule dans la forêt, n'avance pas, c'est que son ennemi est là, et son ennemi est le tien. Si ton chien va devant toi, tu peux marcher en toute sécurité; mais s'il recule aussi, tremble! Son ennemi, qui est encore le tien, ne se laisse pas deviner par toi, à moins que par tes yeux ; mais si c'est la nuit, ton chien, ton cheval le devinent sans le voir. O orgueil des hommes, qu'elle est douteuse ta supériorité !

Rentrons donc dans la question première et examinons de nouveau sur quoi nous sommes en désaccord. Sur des mots seulement je crois réciprocité; tu préférerais peut-être que je dise solidarité, cette énigme admirable que les masses ne pénètrent pas.

Oh! lorsque ce mot sera écrit au fronton de l'édifice social, tout sera sauvé, car il est la chaîne divine qui n'est encore que le frémissement joyeux de l'avenir, car il se trouve à la fois dans la solidarité, la liberté, l'égalité, l'unité! C'est la solution du grand problème social; une fois qu'elle sera établie entre les hommes, entre les peuples, il n'y aura plus de guerre, plus de ces misères sanglantes.

La solidarité! c'est le terme moyen de la vie, c'est la suppression du trop plein d'un côté et du moindre de l'autre, c'est l'équilibre, c'est la paix, c'est le calme, c'est le bonheur! c'est la suppression de l'envie du pauvre sur le riche, c'est la répartition du bien-être, la suppression de la banqueroute, des prisons, des bagnes, de la peine de mort! c'est la suppression du mal et l'affirmation du bien; c'est l'espérance du pauvre, ce sera la joie du riche, parce qu'elle supprimera le sentiment de la pitié, car il n'y aura plus de malheureux.

La solidarité! c'est la lumière pénétrant l'obscurité, c'est le jour qui nous montre toutes les voies, contraste admirable de la nuit qui les cache; c'est l'organisation du travail, car les rapports entre les hommes se multiplieront à l'infini, et il en sortira des problèmes nouveaux qui leur permettront d'appliquer la mécanique à toutes les industries. Donc, la solidarité, c'est l'économie de temps, de peine; c'est la prolongation de l'existence humaine qui se compte par les heures.

La solidarité! c'est la chute de l'erreur et l'avénement de la vérité; c'est l'émancipation universelle, le soleil radieux du progrès se réfléchissant sur des jours sans misères, sans envie et sans haine; c'est la suppression de la faiblesse ou de l'individualisme et la proclamation de la collectivité ou force; c'est la suppression de la tyrannie et la proclamation du droit commun; c'est le développement intellectuel des masses. Alors, tous auront intérêt à ce que chaque être soit ce qu'il est naturellement, qu'aucune fonction ne soit forcée par une éducation pénible, souvent insuffisante; c'est la guerre à l'ignorance, c'est la puissance humaine tendant les bras vers l'infini.

La solidarité! c'est la reproduction légale de l'espèce humaine, car l'égoïste hymen sera détruit et la pensée de l'homme et de la femme prendra son divin essor pour aller à la recherche de celui ou de celle pour qui ils sont destinés; l'amour naît de l'amour; de l'égoïsme naît l'égoïsme; c'est le triomphe de la morale du Christ! c'est, en un mot, une voix divine qui pénétrera toutes les consciences et fera jaillir des actions divines; c'est la proclamation de l'amour entre les hommes, c'est le règne de Dieu sur la terre!!!

Alors, seulement, l'homme sera l'égal de la brute dès qu'il aura établi la solidarité.

Tu vois, mon cher Gabriel, que nous ne pensons pas l'un comme l'autre en cette matière; qu'il serait facile aux hommes de s'accorder et d'établir la solidarité, car, à l'exception de quelques questions naturelles, telles que la sympathie et l'antipathie, tout tend à l'harmonie, et puis, il est si facile et si simple de s'éloigner de ce qui nous est antipathique; c'est donc la moindre des choses.

Il y a donc des lois dont on ne saurait dévier : on les nomme lois naturelles; il en est qui varient à l'infini : on les nomme lois sociales; elles se transforment comme les mœurs. La loi naturelle est positive, constante. La loi sociale est fictive, variante.

La mère, en élevant son enfant, est soumise à une loi naturelle; elle y est obligée comme tout dans la nature, à quelques exceptions près qui sont des phénomènes ou des bizarreries, et, si la mère donnait le jour à des enfants dans le but de sauvegarder sa vieillesse, ce serait d'un dégoûtant égoïsme.

La loi sociale dit aux enfants de secourir leurs père et mère; mais cette loi, on la peut violer à chaque instant du jour, on la viole sans cesse. Oh! qu'elle ferait bien mieux de s'ériger en solidarité universelle sans s'arrêter là dans une mesquine réciprocité. Elle, forte! La loi de nature m'oblige donc de nourrir mes enfants; si la loi sociale est aussi forte, qu'elle m'oblige de secourir mes père et mère! Mais cela ne se peut, car elle est variable et elle m'oblige à toute réciprocité; si l'on a mal agi pour vous, vous agissez mal pour d'autres, seraient-ce vos père et mère, car, n'importe d'où elle émane, l'injustice est toujours choquante. Il y a ce qu'on nomme le devoir et que presque tous les hommes sont plus ou moins engagés pour des services reçus. Quelle chaîne que les services! Le devoir oblige (quand il y a obligation il y a servitude) de faire à autrui ce qu'autrui fait pour vous. C'est toujours de la réciprocité ; mais il y a loin de là à la solidarité qui est franche, aimable, prévoyante, sans jamais blesser ni engager aucune conscience; et cela fait du mal de penser qu'elle n'est même pas établie entre membres de la même famille : c'est tout au plus s'il y a réciprocité.

C'est que, hélas! la solidarité est une conséquence seulement sociale : voilà pourquoi il est si difficile de l'établir.

Ne désespérons pas, cependant; toutes les voix, toutes les consciences se lèvent de nouveau pour réclamer la liberté. La liberté, notre douce espérance! Ah! nos doux rêves, où sont-ils donc enfouis! Elle est donc bien longue cette nuit-là, que le jour de qui nous attendons notre douce lumière n'arrive pas! N'est-elle donc point généreuse la pensée qui nous conduit? Elle veut le bonheur de tous sans distinction, même de ceux qui nous ont torturé pour notre foi démocratique. Car, s'il y avait une seule exclusion, ce serait remplacer l'injustice par une autre injustice, attendu que tous ont également droit à la liberté, cette chaste épouse naturelle de chaque existence.

Eh bien, ami, l'accomplissement de nos vœux arrive degré par degré, lentement il est vrai, mais il arrive. O joies de l'avenir! ô travailleurs infatigables! ne les verrons-nous pas triompher ces grands principes humanitaires! Retrempons-nous donc dans nos misères passées, affermissons-nous donc dans notre foi, que nos espérances s'épanouissent à l'aspect du soleil du progrès comme les fleurs au soleil du printemps. Etudions, parlons, semons, fécondons. Qu'elle sera grande la gloire du genre humain le jour où nous aurons secoué, chassé pour jamais les inquiétudes du lendemain en chassant les misères de la veille.

Arrière donc l'égoïste entêté qui ne songe que pour lui et ne veut point changer son système infernal : s'instruire, lui, abrutir celui-là pour le gouverner! S'il savait comme sa tâche est pénible de vouloir gouverner les autres, et qu'elle serait douce de ne gouverner que lui-même. Affranchissement général, plus de peuples en tutelle; tous grands, tous forts par le développement intellectuel; plus de brutalité, tout solidarité, enchaînement sans fin de la perfection sociale. Je le répète souvent ce mot, je vais peut-être t'ennuyer; je n'aurais pas besoin de t'en dire tant, à toi, car tu es converti de longtemps à cette idée. Tous les nobles cœurs sont à la recherche de la solution de ce problème.

Que puis-je donc te dire encore, cher Gabriel! plus rien sur ce sujet; mais toi, pourquoi ne te maries-tu pas? que fais-tu, mon cher ami? A mon avis, tu as tort, tu te trouverais très-heureux, va. Il ne faut pas craindre de tomber sur une mauvaise femme, il n'y en a pour ainsi dire point de mauvaises; elles sont ce qu'on les fait. Tu la feras bonne, elle sera bonne. Et puis l'on est si heureux d'aimer ces bons petits enfants; si tu savais comme ils sont doux les sentiments qui naissent de ces chers petits êtres! avec quel courage, avec quelle ardeur on travaille pour leur bonheur présent, pour leur bonheur futur! Si tu savais combien le cercle de l'espérance prend d'extension ; sans famille, les sentiments n'éclosent point et s'étouffent, aucun grand rôle ne vous est destiné. Que c'est doux la famille! qu'il est grand et noble le rôle du père! Sais-tu ce que c'est que la famille? C'est un navire qui vogue dans l'Océan de la société, et dont le père est le capitaine. Toute influence, ou morale ou matérielle qui voudrait régner sur elle, n'est autre chose qu'un pirate qui veut s'en emparer; ce qui vous donne ce titre de chef, c'est la possibilité de la reproduction. Les enfants sont, vous êtes reçu; si vous êtes reçu, c'est que vous êtes capable. Gardez-vous bien de laisser un étranger, c'est-à-dire un être sans famille, s'insinuer dans le navire à quel titre que ce soit, ou de pasteur, ou d'ami : tu ne serais plus que le second, et tous te conduiront, ou sur l'écueil, ou inévitablement à une fausse destination. Si tu conserves ton commandement, tu sauras t'en préserver.

Oh ! brave l'opinion publique, cette bête fauve; ne te soumets à aucune des vieilles manœuvres. Sois toi, ne sois pas les autres; que la vieille société te soit seulement un préservatif. Si une quantité arrive au port machinalement, tâche d'arriver naturellement; c'est la vraie voie. Réfléchis donc bien; ta mère vieillit, tu ne pourras pas et travailler et la soigner; plus tu tarderas, plus difficilement tu trouveras quelqu'un de sympathique, plus la fusion des caractères de ta mère et de ta femme sera longue à s'opérer. Si ces deux personnes sont mutuellement sympathiques, qu'elles vivent ensemble; si c'est le contraire, qu'elles se voient le moins possible.

Veille à cela, dirige doucement, prudemment le tout jusqu'à parfaite fusion de caractère, car ta mère, qui viendrait prendre le commandement en ayant l'habitude, te soustrairait ton rôle; garde-t'en bien. Si cependant tu te confies à ton second, connais-le bien; sans quoi, je te le prédis, la tempête te jettera sur l'écueil.

Ton vieil ami,

H. CHABANNE.

Bourges, le 29 février 1864.

Cher Henri,

Je me sens heureux qu'une simple observation de ma part t'ait conduit à me donner d'importantes réflexions sur l'homme et sur les animaux, sur notre état social à venir. Je suis fier de cet envoi, ce sont mes meilleures étrennes. Car tu te souviens que cette lettre de toi était du mois de janvier. Si ma critique porte à faux, si je suis moi-même en contradiction, je suis tout prêt à revenir de mon erreur. Je suis toujours disposé à abjurer le mensonge et l'erreur pour la vérité quand elle m'est démontrée d'une façon accessible à mon entendement. Je te le dis à ta louange, tu es doué de facultés qui te caractérisent entre tes frères; tu peux faire entendre clairement ce que tu veux que nous sachions, pour notre instruction et notre bien. Cette facilité te sert à merveille; puisque tu en fais bon usage, nous t'en remercions.

Tu as montré du dévouement et du désintéressement en poursuivant, à tes risques et périls, l'œuvre sainte de la justice et du droit; dans ce cas, il y a réciprocité comme tu l'entends, je suis de ton avis. Il y a dévouement pur. Car dévouement ne suppose ni retour, ni récompense. C'est tout simplement une lutte de notre volonté contre la nature; c'est une abstraction de notre être; au fait, nous y reviendrons.

Je vais d'abord te faire connaître clairement ma pensée dans cette question de réciprocité, afin de ne laisser aucun doute sur ma manière de voir. Si je t'ai donné le sens littéral du mot réciprocité, ce n'est pas pour contester ta croyance à ce sujet; j'ai simplement voulu te dire l'impression que m'avait produite cette phrase, que tu as prise pour de la contradiction. Je sais parfaitement que les enfants ne doivent rien à leurs parents; nous ne sommes pas les seuls de cet avis. J'ai cru devoir te faire observer que les hommes à qui ton livre est adressé, manquant pour la plupart de réflexions pour bien entendre ce paragraphe de ton livre (dernier paragraphe, page 35), il eût été plus conforme, avec l'entendement actuel de ces mêmes hommes, de commenter largement « tes beaux sentiments d'humanité et de charité que possèdent tous les êtres humains » de la page 37, dernier paragraphe.

Le but que tu t'es proposé pourrait manquer son action, parce qu'ainsi employé, il est au-dessus de la taille de ceux pour qui il est destiné. Tu vas sans doute me dire : point d'atermoiement pour faire savoir la vérité ! Soit, si cette vérité doit rendre tout le bien qu'on en attend ; mais si elle doit jeter un doute dans les esprits !

En admettant, d'après le principe progressif, que toute vérité portera son fruit, il vaudrait mieux que ce soit tout de suite : ceci ne dérangerait rien à l'avenir. C'est là le vrai sens de mon observation.

Arrivons maintenant à la supériorité de l'homme sur les animaux. Je trouve l'homme supérieur aux animaux, non pas parce qu'il détruit les autres, ce serait insensé. L'homme est moins beau que certains animaux ; si nous étions nus, nous serions hideux, dis-tu ! D'accord, nous serions sans doute bien plus malheureux n'ayant point de défenses naturelles pour lutter contre eux.

L'homme et les animaux, au poin de vue matériel, se ressemblent ; ceci est prouvé par tous les naturalistes anciens et modernes et accepté par les philosophes (sauf, mon cher Gabriel, celui qui a dit que de Paris à Rome, le plus sot animal, à son avis, c'est l'homme). Je ne veux nullement rentrer dans le domaine de la science, car l'entrée m'en est inconnue. Je veux seulement tâcher de me faire comprendre.

Je suis de l'avis des penseurs et des naturalistes qui ont classé l'homme comme étant le privilégié de la création. Son organisme est le même ; il a du sang, de la chair, des os, des nerfs, des sens ; son corps est mécanisé comme celui des animaux. Ce n'est pas dans sa matière qu'est le privilége, c'est dans un sens intime, interne, si tu aimes mieux, c'est la pensée qui conduit à la réflexion; c'est cet entendement qui mène à la connaissance du bien et du mal, à la comparaison, à l'énoncé d'un jugement, à la raison, à l'association, à la justice, à l'élection, à ce que tu nommes justement la solidarité.

L'homme fait bien des choses instinctivement dont il se soucie fort peu, tandis que ce qu'il fait intelligemment, il l'apprécie, le juge, il y tient, il le conserve, il l'admire. « L'enthousiasme et les passions sont les produits de l'instinct; le crime et la vertu sont les produits de l'intelligence, dit le savant Proudhon. » Eh bien, mon cher Gabriel, je te répondrai, alors, que je préférerais les instincts même de la brute s'ils nous donnent et l'enthousiasme et les passions; et je répudierais volontiers les produits de l'intelligence si le crime doit précéder la vertu. J'abandonnerais volontiers la vertu à cause du crime.

La nature a donné aux quadrupèdes un pelage pour braver le froid et le chaud, aux oiseaux un plumage pour les préserver également des intempéries; qu'a-t-elle donné à l'homme? Rien de tout cela; si l'homme ne se servait que comme les animaux de ses moyens tout simplement matériels, où en serions-nous? Les animaux, dis-tu, se défendent collectivement; oui, mais on les voit aussi se battre à belles dents pour leur nourriture, pour leurs amours, etc.

Le besoin d'association est moins impérieux chez eux que chez l'homme; ils peuvent mieux faire face aux conséquences de l'isolement. C'est donc au point de vue de la justice et de la raison que nous sommes supérieurs aux animaux. Je ne m'occuperai pas de savoir si les défauts et les passions des hommes sont naturels ou non; je sais qu'ils existent pour notre malheur. Loin de moi la pensée de croire à la perfection de l'homme; ceci est en dehors de mon sujet. Après de mûres réflexions, je me suis arrêté à croire qu'il y a dans notre nature autant d'imperfection que dans notre état social. On peut faire beaucoup pour notre amélioration; mais notre organisation deviendra difficilement complète, car la nature ne se réforme pas; depuis des milliers d'années que les hommes cherchent à réformer leurs systèmes sociaux et politiques, rien n'est encore sorti de ces luttes sanglantes, de ces égorgements sans nombre. D'où vient cette anomalie, résistance opiniâtre du pouvoir reçu, ignorance de la majorité des hommes? La nature n'y est pour rien, car, chez elle, tout est constant et uniforme; et chez nous, tout est remuant, quoique sortis de son sein. La liberté à laquelle nous aspirons est une abstraction, elle n'est pas toute arrangée dans la nature; c'est une beauté qui lui manque.

Nos droits et nos devoirs ont pour symbole ces grands mots : liberté! justice! qui sont la force par laquelle nous devons les acquérir et renverser les idées reçues. Liberté et autorité sont deux forces incompatibles : l'une n'est que la force, et l'autre le droit; le droit est préférable à la force. Pourquoi le droit n'a-t-il pas prévalu? C'est uniquement parce que la force du droit ne doit s'acquérir que par la volonté de notre sens divin en dehors de toutes choses reçues dans la nature.

Si, dans la nature, tout était arrangé humainement et justement, ce serait un concert d'harmonie dont rien ne viendrait troubler le repos et la jouissance; nous n'aurions pas besoin de nous occuper de perfectibilité : le bonheur serait vrai et indestructible.

Malgré qu'il n'en est pas ainsi, je suis fort content de me bercer dans ces beaux rêves d'avenir où cesseront pour jamais toutes ces tyrannies, toutes ces calamités, toutes ces destructions de l'homme par l'homme. Plein d'espoir dans cet avenir tant désiré, je me demande souvent où est le but désigné? Alors, la matière sera domptée, et l'esprit pourra dire : je suis tout. Buffon a dit, parlant de l'homme, que dans son être l'homme est tout par son essence, que la matière n'existe pas.

GABRIEL MARGRITAT.

Pouilly, le 4 mars 1864.

Mon cher Gabriel,

Je suis toujours heureux de recevoir de tes nouvelles; mais hélas! je suis bien peiné de voir que les plus dévoués ne comprennent pas la mission de l'époque. Tu ne sais donc pas, tu ne comprends donc pas que le temps des discours, et des longs discours même, est passé; plus de vaines paroles, plus de ces discussions vides qui n'aboutissent à rien.

Ce qu'il faut, c'est agir! Agir! entends-tu? Quand nous passerons notre temps à débiter des phrases sonores, pompeuses même, ce ne sera pas le remède à nos maux; ce ne sera que la continuation du passé: discuter, discuter, ne rien faire. Oui, il faut établir la solidarité! eh bien, la solidarité ne peut s'établir et être reconnue par les hommes que lorsqu'ils seront groupés, c'est-à-dire associés! On réclame chaque jour, ceci, cela, la liberté, surtout la première, parce que, avec elle, on peut de grandes choses. Cependant on l'aurait complète que les hommes ne changeraient pas d'indifférence, tant leur ignorance est complète. Oh! misère! misère!!! ignorance! ignorance!!! vice infernal plus dangereux que la lèpre et la fièvre jaune!

Oui, dis-je, vous réclamez la liberté! vous avez déjà la liberté de quelque chose et vous n'en usez pas: vous les auriez toutes que vous n'en useriez pas davantage.

Vous voilà, ô hommes!!!

Maintenant, à toi, mon ami. Je t'ai fait adresser un règlement de la Société du Crédit au travail, je t'en reparle dans une lettre que je t'adresse en t'engageant de t'y associer; d'engager tes amis de le faire et tu m'en demandes encore des nouvelles! Eh bien, j'ai le bonheur de t'annoncer que cette Société ou banque s'accroît avec une rapidité étonnante; que de nombreuses associations se forment dans

Paris avec son aide, associations de production, et l'on est à même d'organiser des associations de consommation, c'est-à-dire des bazars où chaque association déposera ses produits et ira puiser naturellement au centre de cette variante de production; ceci se fonde d'abord à Paris, ensuite dans les grandes villes, ensuite dans les petites, ensuite partout: seul moyen de paralyser ce pillage commercial actuel où tant d'intermédiaires inutiles vivent sur le travail de ceux qui meurent de faim. Comprends-tu maintenant? Il faut donc t'associer d'abord à la Banque du Crédit au travail, ensuite chercher quelques honnêtes et braves ouvriers, et, avec chacun vos petites ressources, fonder un atelier et secouer le joug du maître. Est-ce compris?

Eh bien, à l'œuvre donc! que peut faire ta lettre pour la civilisation? rien! Peu nous importe notre supériorité ou notre infériorité sur les autres animaux, et cependant tu tiens à ce que je te réponde. Tu te plairais à sonder cet amas de mystères! impossible, mon cher. Cependant je veux te répondre en quelques lignes, seulement pour te satisfaire. Je vais me faire un vrai plaisir de te faire toucher tes contradictions, en te lisant ta lettre, en te les signalant.

1° Tu dis: « Mais il y a dévouement pur, » et tu ajoutes « que c'est tout simplement une lutte de notre volonté contre la nature, » s'il y a dévouement pur, c'est naturel; il n'y a pas lutte de notre volonté; contre la nature on ne se dévoue pas de force; ce ne serait plus du dévouement, il y aurait un intérêt, un mobile caché.

2° Rien n'a encore prouvé que celui qui avait hâte d'accélérer sa marche pour arriver au but qu'il désirait atteindre avait tort.

S'il tourne le dos à la route c'est qu'il ne la connaît pas, et arrivé au but, si on lui dit qu'il a fait fausse route, c'est tout ce qu'on peut lui reprocher. En tout cela, il n'y a que lui qui est en retard.

Si l'on reconnaît que mon livre est une erreur, que mon erreur les éclaire! qu'elle leur serve de phare pour éviter l'écueil! qu'ils ne prennent pas mon chemin! Si je suis arrivé à mon but, qu'on désire arriver avec moi si l'on a intérêt qu'on me suive.

3° Trouve-moi donc une vérité nuisible, et un mensonge utile (vains mots). Tu affirmes qu'il y a un principe progressif: il n'y a pas à choisir, c'est ma voie.

4° Comment! nous n'avons pas de défense naturelle pour lutter contre les animaux (contre la brute, tu veux dire) et comment se fait-il que nous les repoussions au delà des déserts? et quant à nos vêtements, c'est tout naturel, nous les prenons pour nous garantir du froid, comme le chien sa niche, ou le loup son antre et la quitte pour ses besoins.

5° « Tu es de l'avis, dis-tu, des penseurs et des naturalistes. » Sont-ce les grands penseurs de vérités ou de mensonges? sont-ce ces naturalistes qui avec leur science, leur orgueil et leur fanatisme demandaient à être enterrés dans des églises, aves des sons de cloches à tout étourdir, c'est-à-dire routiniers jusqu'à craindre de déplaire à la routine, imitant tout ce qu'ils voient, science du vulgaire?

Ils sont parfois bien tristes tes naturalistes qui mettent leur soin à prouver que l'homme est le privilégié de la création. C'est toujours comme je te l'ai dit, parce que l'homme trouve le moyen de repousser, de chasser, se garantir des autres animaux qu'on l'a classé comme le privilégié de la création.

Tu prétends que sa supériorité est « dans la pensée qui conduit à la réflexion. » Comme cela, tu nies la pensée et la réflexion des autres animaux? Comment, tu n'as donc jamais vu travailler les fourmis, les abeilles, et tu crois qu'un tel travail se fait sans ordre, sans réflexion, sans idées, sans connaissance? quand une, ou deux, ou dix fourmis emportent un butin, qu'une d'elles lâche prise et retourne d'un autre côté où ses forces sont mieux employées, tout cela se ferait sans connaissance de cause, au hasard? le naturaliste qui affirme cela ne peut être qu'un orgueilleux, aussi bien que celui qui le pense doit être un fameux ignorant. Nier que ces petits êtres ont un langage, qu'ils ne sont pas plus heureux dans un temps que dans l'autre, est une erreur et la plus fameuse insulte au Créateur. Quelle différence de grosseur y a-t-il entre l'homme et la fourmi comparant l'homme au Créateur ou à la création? Pas, pour ainsi dire; et l'on veut nier l'intelligence, la réflexion de ces petits êtres! c'est comme si un soleil qui doit avoir aussi sa raison, puisqu'il a sa vie, allait nier notre peu d'intelligence, sous prétexte que nous sommes plus petits que lui; et puis chacun en a suffisamment pour répondre à ses besoins.

C'est une erreur, dis-je, car comme vous elles ont des années où elles travaillent beaucoup plus que d'autres, elles ont naturellement plus de peine, la cause est que le butin était rare. C'est également comme nous, nous avons nos disettes, si nous n'en devons plus avoir tant mieux, elles en auront moins aussi, car, il y a harmonie et solidarité chez tous les êtres. Tout est détruit l'un par l'autre, tout se sert mutuellement pour le renouvellement de la vie commune.

Tu signales une masse de qualités de l'homme et tu conclus « que c'est là le premier point distinctif de l'homme sur les animaux. » Je ne connais pas leur langage, je ne sais pas s'ils ont leurs académies, car qui oserait nier qu'ils n'ont pas, eux aussi, des bibliothèques; car si un loup demandait à un autre loup si nous sommes quelque chose, il ne manquerait pas de répondre qu'il n'y a qu'eux de bien ; que ce qu'ils font est bien fait et bon; car je suppose bien que les loups ne savent pas si nous avons des académies et des bibliothèques; le loup ne doit guère s'apercevoir de ce que nous appelons progrès de notre civilisation. Ne pouvant nous connaître mutuellement ni nous comprendre, il devient donc impossible de nous dire ou supérieurs, ou inférieurs : le loup ne pourrait pas remplir le but de l'homme dans la création, ni l'homme celui du loup. Rien ne prouve que nous sommes ou supérieurs ou inférieurs, mieux ou pires; cependant, si l'on voyait un dindon fumer, ou bien un cochon priser, on ne rirait pas mal. Nous sommes ridicules pour notre compte. Quant à notre supériorité, on ne peut pas dire qu'elle est dans le bonheur que nous avons plus qu'eux; nous ne savons pas si nous sommes plus heureux qu'eux. Nous ne sommes supérieurs au cochon que parce que nous le tuons et qu'il ne nous tue pas; que le chat est supérieur à la souris parce qu'il la mange, etc.

6° On ne peut pas nier l'existence d'un être qui fait agir ce que nous voyons. Qu'il se nomme éternel, infini, ou Dieu, ou loi, cette puissance existe! Puisque ce n'est pas nous qui faisons luire le soleil, tourner tout ce qui tourne, il faut conclure que c'est autre chose.

Il est même étonnant que l'homme, dans son orgueil, ne se donne pas, après s'être classé le roi dans la création (le roi dans la création! il ne peut pas dominer un moucheron), il ne se donne pas aussi quelque titre divin; mais que dis-je, cela existe : le prêtre ne prétend-il pas avoir d'intimes relations avec le ciel? Pitié! pitié!

7° Tu dis « aucune preuve de la supériorité des animaux » ni aucune preuve de leur infériorité; et si aucun animal ne prend l'initiative auprès de ses semblables, c'est qu'il a raison; car un être quelconque a bien assez de lui à soigner, à gouverner, sans avoir la prétention d'en gouverner un autre mieux qu'il ne le ferait lui-même : de là le mal, le despotisme. Ignorant celui qui ne le comprend pas, malheur à lui; il ne comprend pas ses droits : c'est un esclave!

Si les animaux font leur nid de la même façon, c'est qu'ils s'en trouvent bien; en le faisant autrement, ils le feraient mal.

Les hommes font bien mieux, les ânes! ils bâtissent des prisons qu'ils habitent et des châteaux qu'ils n'habitent pas; ils sont bien supérieurs les hommes!

La brute a ses moyens tout trouvés, elle n'a pas besoin de les chercher. Il n'y a donc aucun art, aucune harmonie, aucun confortable dans un nid de chardonneret? Inconséquence! A votre façon, les animaux seraient tous dépourvus de sens; mais les animaux n'ont pas que des appétits grossiers, ils ont leur amour comme nous, le besoin de liberté plus que nous, car je crois l'avoir déjà dit : un moineau lutte contre un homme qui porte atteinte à sa liberté, et l'homme ne lutte pas contre un gendarme qui vient l'arrêter. Il est courageux, ton homme. L'homme n'a pas de plumes, dis-tu; il s'en met des plumes; et ses haillons? il est bien, ton homme!

Est-ce qu'on ne se nourrit pas toujours quand on existe. « Ils se battent à belles dents, dis-tu, pour leur nourriture. » Mais les hommes ne se battent pas, eux; ils sont bien plus sages, car non-seulement ils se battent, mais ils se mangent, mais se tuent encore et par centaines de mille, s'il vous plaît, et mieux, sans savoir pourquoi. Il est bien plus sensé, ton homme!

« Le besoin d'association est moins impérieux chez eux que chez l'homme, dis-tu. » Mais c'est le contraire, ils sont tous associés! Les hirondelles, les moineaux, se groupent, etc. Je les vois tous associés, et cependant l'homme l'est aussi naturellement ; la solidarité existe ; elle n'a qu'à être reconnue, car l'homme aussi vit groupé et solidairement ; l'ignorance seule lui empêche d'en reconnaître l'évidence.

L'homme vit dans la ville (fourmilière) ; s'il vit isolé, il s'ennuie et revient sans cesse à la fourmilière et éprouve un certain bonheur de la vie sociale.

« C'est au point de vue de la justice et de la raison que nous sommes supérieurs. » Mais le loup n'asservit pas le loup, et l'homme asservit l'homme ; le loup ne fait pas la guerre à son espèce, et l'homme a pourtant cette belle qualité. Il est bien ton homme !

Tu dis « que les passions existent pour notre malheur ; » dis donc pour notre bonheur : sans passions nous serions sans jouissances ; c'est le seul mobile qui nous fait agir, les passions ; si vous les développez aux choses mauvaises, tant pis pour vous ; développez vos passions pour des choses utiles et vous vous en trouverez bien.

« On peut faire beaucoup pour notre amélioration. » Il n'y a qu'une chose à faire : s'entendre sur la solidarité ; s'associer pour produire beaucoup ; détruire l'isolement qui cause trop de rongement d'esprit.

« La liberté n'est pas toute arrangée dans la nature. » Garde-toi bien de croire cela, puisque pour me l'arracher on n'a qu'à m'enchaîner.

C'est pareil à l'amour, à l'espérance, c'est bien tout arrangé. Le loup, le chien, l'oiseau, tout cela n'est donc pas libre? tu conviendrais donc que tu serais au-dessous de tout cela ?

Insensé que tu es, qui va nier que la liberté existe! elle existe bien et quiconque ose lui barrer le passage n'est qu'un misérable, un tyran. Ah! parce qu'elle est trop docile, on la nie, bonne liberté, douce liberté, pauvre amante bien-aimée! moi je te connais et je t'aime. Va, sois tranquille, je ne t'inquiéterai jamais. La liberté, un mot! la justice, un mot! ce sont bien là des choses, et tout est bien arrangé dans la nature, et c'est un sublime concert d'harmonie, et rien, à moi qui contemple, ne m'en arrache la jouissance. Et le bonheur est vrai; seulement, il y a des accidents que la brute ressent tout aussi bien que l'homme: une douleur causée par une chute, la perte d'une affection. Mais tout être est susceptible de douleur et la douleur est une des principales causes qui nous font sentir profondément la vie; la douleur est la sœur de l'amour. Et si l'homme ne doit arriver à être bien que par le secours de sa volonté, ce qui est aussi mon avis; qu'il le veuille et il sera heureux; s'il ne veut pas, qu'il ne se plaigne donc pas.

En vérité, l'homme n'a qu'à vouloir, et c'est simple: s'associer dans le travail, servir son produit, l'économiser pour parer les mauvais jours, reconnaître et fortifier la solidarité qui nous lie à notre insu. C'est tout, mais il faut vouloir, il faut s'arrêter court; demain briser avec le maître que tu enrichis; trouver deux ou trois camarades et vous associer; l'avenir que tu attends ne viendra pas sans que tu ailles à lui, on ne te l'apportera pas; a l'avenir qui veut l'avoir.

Je m'occupe activement d'association, j'ai trois jeunes gens bien disposés et d'ici peu j'espère qu'ils seront mes associés. Il faut être conséquent avec soi-même : tu parles association et tu restes ouvrier, c'est comme si je prêchais l'association et que je restasse patron.

Bonsoir, ami, c'est déjà trop pour ce soir.

H. CHABANNE

En terminant cette partie du livre concernant l'évasion de l'Ile du Diable, je dois rendre un public hommage aux personnes qui me sont chères à tant de titres, soit dans nos bonnes relations d'amitié, soit dans l'intérêt qu'elles m'ont porté, tant dans le placement du premier ouvrage que de celui-ci.

Merci donc aux compagnons de ma société, en commençant à Paris par : Benon, dit Mâconnais Vigoureux ; — Moretteau, dit Mâconnais Bon-Accord; — Dutruge, dit Mâconnais Cœur-Zélé ; — Agricol Perdiguier ; — Pierre Blanc, dit Gascon la Bonne-Conduite; — (hors la société) : MM. Henry, négociant, rue des Vieilles-Haudriettes, 2, Paris ; — Jules Journeau, fondeur, à Paris ; — Pinon, teneur de livres, à Paris ; — à Lyon, Bressan le Vainqueur ; — à Dijon, Ducroux, dit Mâconnais l'Union ; — à Mâcon, Aubail, dit Mâconnais Cœur-Loyal; —à La Charité-sur-Loire, Durand Eugène, taillandier ; — Magloire et Antoine Millet, menuisiers ; — à Fourchambault, Rigal, cordonnier ; — Graille, mécanicien;

— Montupet Hilaire; — Bibi Quoy; — Revenu; — Férien, et beaucoup dont j'oublie les noms; — à Rochefort, Maillet, tailleur; — Ile-de-Ré, François, Bernardot; — à Cosne, Blanc, marchand de chaussures; — à Tortron (Cher), Guillemot Bernot; — Boudiné; — Lemaître; — Dapogny François, etc.

Je ne saurais non plus être indifférent envers ma chère cousine, Adèle Montillet, femme H. Chabanne, qui a pris tant de soin de moi pendant mon séjour à Paris. Une si franche et si douce amitié ne saurait s'oublier; ni le bon accueil de Mmes Moretteau, Benon, Blanc, Toutan, Journeau, Bonoron, Mauguin, Bonnet, mère des compagnons, etc.

PRESSION ADMINISTRATIVE.

Les trois lettres qui suivent prouvent combien les hommes d'initiative de province sont gênés dans leurs mouvements.

Ainsi voilà qu'on demande l'autorisation d'une réunion commerciale et l'on vous répond par une menace : « Si vous traitez de matières politiques, dit-on, on fera poursuivre tous les assistants et vous comme auteur principal. » Voilà-t-il de quoi rassurer un homme qui revient de Cayenne! Eh bien, il ne s'effraya pas et continua son œuvre.

On imprime un livre, aussitôt les volumes rendus à domicile le brigadier opère une saisie; on se plaint et l'on vous traite pour ainsi dire de menteur. « Cependant, dit-on, comme cette saisie aurait été parfaitement illégale, je donne des ordres pour que les exemplaires vous soient rendus. » Et l'on continue malgré la terreur qu'un gendarme inspire, on continue le placement et la vente des livres.

Lorsqu'on envoie au sous-préfet un volume, à titre de reconnaissance, on n'hésite pas à vous dire : « qu'on a empêché d'autoriser l'impression dans la Nièvre. »

Ainsi, les entraves suscitées par la basse administration, la haute d'un autre côté, rendaient la tâche plus pénible en vous envoyant très-loin imprimer un livre qui pouvait s'imprimer très-près.

O inconséquences administratives, quand donc laisserez-vous librement agir les hommes à esprit d'initiative ? Quand laisserez-vous de côté ces sortes de menaces permanentes ?

Cosne, le 22 décembre 1864.

Monsieur,

Je consens à autoriser la réunion qui doit avoir lieu le 25 décembre, à votre domicile, et qui ne doit comprendre que les souscripteurs d'une association commerciale dont vous êtes le gérant.

Si, dans cette réunion commerciale, il était question de matières politiques, je ferais, conformément à la loi, poursuivre les assistants, et vous comme auteur principal.

Recevez, monsieur, etc.,

Le Sous-Préfet,

Baron L. de Nervo.

Pouilly, le 27 janvier 1863.

Monsieur Chabanne, à Pouilly,

J'ai reçu votre réclamation du 26 janvier. J'en ai immédiatement conféré avec M. le capitaine de gendarmerie.

Cet officier a vu aujourd'hui même le brigadier de Pouilly, qui ne lui a rien dit de la saisie qui aurait été opérée chez vous ce matin.

Il est donc probable que vous aurez été mal renseigné.

Cependant, comme, dans le cas contraire, cette saisie aurait été parfaitement illégale, je donne des ordres pour que les exemplaires vous soient rendus, s'il est vrai qu'ils aient été enlevés.

Vous pouvez être sûr que vous ne serez en rien inquiété, du moment que vous n'enfreindrez pas les lois sur le colportage.

Agréez, monsieur, etc.,

Le Sous-Préfet,

Baron L. De Nervo.

Cosne, le 19 janvier 1862.

Monsieur H. Chabanne, à Pouilly,

J'ai reçu le volume que vous avez bien voulu m'adresser et je vous remercie d'avoir pensé à moi en cette circonstance. Je n'ai pas eu le temps encore de lire cette brochure; mais permettez-moi d'espérer, qu'au moment de la faire paraître, vous vous êtes décidé à retrancher les passages qui nous avaient empêché d'en autoriser l'impression dans la Nièvre.

Recevez, monsieur, l'assurance de ma parfaite considération.

Le Sous-Préfet,

Baron L. De Nervo.

DURETÉ ADMINISTRATIVE.

A M. le Sous-Préfet, à Cosne, pour solliciter l'autorisation d'ouvrir un établissement de café.

Monsieur,

Le soussigné Chabanne Henri vient de voir à l'instant M. Durand, maire de la commune de Garchy et conseiller d'arrondissement, qui a bien voulu se charger de remettre à M. le Sous-Préfet sa demande afin d'être autorisé à ouvrir un établissement de café à Pouilly.

M. le Sous-Préfet ne verra-t-il pas que c'est un cri de détresse qui lui arrive? me croirait-il capable de crier au secours si je n'étais pas en danger? Qu'il regarde donc ces deux petits êtres que j'aime, et que je vois vivre de privations, et ma femme qui leur distribue et ses dépouilles et sa nourriture; elle maigrit pour voir leurs petites joues rosées. Et j'aime tout cela! et mon cœur se déchire à ce spectacle, à ce dévouement si naturel cependant.

Moi, dont la vie est pleine d'amour! Car, tel que vous me voyez, quoiqu'on dise ou croie le contraire peut-être, j'ai toujours fui le mal et cherché le bien; j'appartiens à tous, je ne m'appartiens pas! C'est pour cela que j'ai toujours été victime de l'ingratitude et de l'ignorance du monde. On peut répondre à mon objection que je peux travailler, mais je travaille aussi! Tout ce que j'apprends, je l'enseigne à tout ce qui m'entoure; tout ce qui est malade je le soigne; quiconque a besoin d'une parole affectueuse il la trouve en moi.

Mais l'on me dira: travaille du corps, mais je fais tout ce que je peux: je cours, je m'agite de toutes manières, toujours croyant bien faire; souvent mon corps est fatigué par la fatigue de l'âme; et je préfère la fatigue du corps par l'âme que la fatigue de l'âme par le corps. On peut me répondre: tant pis pour toi! mais oui, tant pis pour moi; mais je préfère la présence de celle-ci que de celui-là. Si le corps meurt, tant pis pour lui; mais mon âme, j'y tiens, et je ne la veux point quitter.

Pour tant de bonheur que j'éprouve de cette pensée, monsieur le sous-préfet, je vous en supplie, en m'accordant ce que je sollicite de votre bienveillance, c'est me mettre aux lèvres une coupe délicieuse ; c'est me jeter au cœur une bien douce espérance : celle de voir croître mes bons petits enfants sous l'influence d'une bonne éducation qui seule peut les sauver du naufrage.

Monsieur le sous-préfet, tout ce bonheur est enfermé dans un mot que votre main peut écrire ou dans une parole que votre bouche peut prononcer : Accordé !

Dans la pensée qui me laisse tout espérer, agréez, Monsieur le sous-préfet, l'assurance de la vive gratitude de votre très-humble et obéissant serviteur.

H. Chabanne.

Et cette voix, et ce cri de détresse, et ce pressant appel demeura sans écho !—O dureté ! la faveur, qui ne m'était qu'un droit naturel, me vint d'une autre source.

---

8 mai 1861.

Mon cher monsieur Chabanne,

Je désirerais bien savoir où vous en êtes de votre impression, et si vous avez fini par vaincre les difficultés que l'on vous a suscitées. Voyez donc ce que c'est que les heurtements de la vie : voilà qu'il vous a été pour ainsi dire plus facile, manquant de tout, de sortir de l'Ile du Diable, de ressusciter de la faim, de la soif, des appréhensions sans nombre, que d'exécuter et accomplir la chose la plus facile avec tout sous la main. C'est bien là que l'on peut comparer l'homme si grand, si énergique et si capable de péril, avec l'homme rapetissé, mesquin et craignant d'avaler une mouche de travers. Enfin, c'est comme cela et nous ne devons plus avoir la prétention qu'il en puisse être autrement; les temps sont à un autre ordre d'idées; la sagesse, c'est de s'y conformer momentanément par le travail, l'économie et une conduite irréprochable envers la famille et ses concitoyens. Vous avez assez souffert pour apprécier ces conseils, cher monsieur, et vous aimez assez la paix, avec votre grand amour pour votre cher entourage, pour que ceci vous devienne facile.

Recevez, avec mes meilleurs sentiments d'estime, mes civilités amicales.

LAFAURE.

DOULEUR.

La mort est quelquefois nécessaire pour vous donner la vie. La perte de quelqu'un qui vous est cher reporte en vous la sensibilité, la douleur; elle vous fait sentir que vous jouissiez d'un bonheur que vous ignoriez vous-même, parce qu'aucune occasion d'absence ne vous l'avait formellement enseigné. L'épreuve est un peu forte, mais elle ne vous en a pas moins rapporté la sensibilité qui donne la plus douce joie de l'âme; et la plus grande calamité, c'est de guérir de cette douleur; et la plus grande maladresse, c'est de chercher à s'en distraire. La douleur est positive; le calme, le sang-froid, c'est le manque d'action, de mouvement, d'amour, de vie; de là cette nécessité de la mort.

LA MISÈRE.

Que chacun craigne la misère,
Cet affreux tyran de la terre.
Par elle tout est confondu,
Car son haleine est repoussante
Autant que l'infidèle amante
Qui se donne au premier venu.

LA HAINE.

La haine est une nécessité lorsqu'on n'a plus d'amour; elle est un bienfait, un stimulant; elle donne la même satisfaction que l'amour lorsqu'on se satisfait; elle a même plus d'entraînement; on résiste quelquefois à l'amour et rarement à la haine. Malheur à qui mérite la haine, sa fortune comme sa vie sont en danger. Ne faites donc rien pour la mériter.

L'ÉGOÏSME.

On peut aimer l'argent, mais alors on n'aime plus rien autre chose.

Pourquoi l'argent, si tous vos sentiments sont éteints? Mieux que cela : si vous accumulez des sommes considérables, c'est que vous ne l'aimez pas, parce que vous en jouiriez en vous en servant et vous n'accumuleriez pas; il vous donnerait une jouissance constante, de chaque jour, tandis qu'en accumulant, c'est vouloir réserver beaucoup pour jouir davantage à la fois; mais c'est là une erreur profonde : il faut jouir chaque fois que l'occasion se présente; la jouissance ne peut pas se réserver pour plus tard, parce qu'on ne sait pas l'avenir et puis on se blase, et il faut toujours jouir du présent.

LA JEUNESSE.

C'est sous l'aile de la jeunesse qu'on éprouve le véritable bonheur : sans ambition, n'aspirant à rien qu'à trouver une autre partie d'individu, afin d'aimer et de reprocréer; développer de nouveaux sentiments dans l'amour qui naît pour vos enfants, dans les douces affections qui se créent et qui augmentent votre félicité, voilà le vrai, le positif! Mais sacrifier toute cette chaste jeunesse, ce doux trésor, pour accumuler de l'or pour servir notre vieillesse! Vous avez l'un, n'espérez que jusqu'à un certain degré dans l'autre.

Tiens, vieillard, te voilà de l'or! voilà ton trésor; dis-moi, qu'espères-tu maintenant? la tombe!

Mais, tu n'as plus besoin de rien! Tu le vois, ton rêve était insensé; tu l'as perdue, ta belle jeunesse, ta chère espérance, trésor divin, pour chercher un vain trésor ; car tu n'en peux plus jouir ; et puis, ce trésor, que de larmes de désespoir a-t-il fait verser pour le réunir (*exploitation*), quand tout ceci qu'on peut nommer trésor de souffrance eût pu rester trésor d'amour.

CONSTITUTION BARBARE.

ARTICLE UNIQUE.

Quiconque calomniera ou dira un mensonge préjudiciable à son semblable, ou s'il le vole ou l'assassine aura la langue coupée.

Bon moyen de supprimer les passeports et de reconnaître les malfaiteurs !

IDÉE.

L'idée est la nourriture l'âme comme le pain est la nourriture du corps. Hélas ! que d'âmes doivent crever de faim !

LA CALOMNIE.

La calomnie, étant vile par elle-même, ne peut sortir que d'une origine vile.

Le lionceau naît de la lionne ;

Le louveteau de la louve ;

Le tigre du tigre ;
La calomnie du calomniateur !

O vous, qui connaissez ces bêtes féroces, vous ferez preuve de bon sens en les évitant!

La calomnie peut venir me heurter, elle recevra le même accueil qu'un caillou qui se heurte au rocher, qu'un marteau qui se heurte à l'enclume.

LES PETITES CHOSES.

On casse la branche d'un arbre en fleurs, on arrache une rose à sa tige, une fleur à la prairie!

On croit détruire ainsi le grand et frais bouquet pour le faire flétrir misérablement en petit dans un vase.

La jalousie s'empare ainsi de l'homme de mérite qu'elle croit détruire par la petitesse de son mépris.

Mais, l'homme de mérite, ainsi que l'arbre, ainsi que le rosier, ainsi que la prairie n'en sont que plus vivaces et plus beaux au nouveau printemps.

PROVERBE.

Avec les loups il faut hurler! proverbe infernal, ridicule. Ceci signifie : qu'avec l'injustice il faut être injuste ; être méchant avec les méchants ; mentir avec les menteurs; tuer avec les tueurs; rire avec les rieurs quand vous auriez envie de pleurer, ou pleurer avec ceux qui pleurent quand vous auriez envie de rire; croire ce que les autres croient, quand même ce serait un affreux mensonge; être esclave avec les esclaves.

Non, non! là n'est pas le caractère d'un homme loyal.

Il doit toujours être pour la justice contre l'injustice; pour le bien contre le mal; pour la liberté contre le despotisme; pour le dévouement contre l'égoïsme; pour la lumière contre les ténèbres; pour l'instruction contre l'ignorance; enfin, pour la science contre la routine.

Tel doit être le caractère de l'honnête homme.

RELIGION.

Mais, mon cher ami, si j'avais un enfant naissant et qu'il soit destiné à la religion catholique, qu'il soit baptisé, puisque tel est l'usage; mais je ne voudrais pas qu'on sonnât les cloches; qu'on l'accompagnât de détonations de fusils ou de canons; car l'enfant, sortant du sein de la mère, un lieu si calme, sa sensibilité trop fragile pourrait bien s'en trouver affectée très-gravement, à tel point de le rendre sourd, muet ou idiot, enfin lui donner quelque caducité; le sel qu'on lui met dans la bouche, ne serait-ce pas assez pour paralyser la sensibilité du goût? Je ne sache pas encore qu'on ait vu des oiseaux, des chiens sourds et muets en naissant; c'est qu'ils ne subissent pas nos routinières épreuves.

Un enfant, à mon avis, ne devrait être conduit dans une vie bruyante que par degrés ; et, à mesure qu'il se fortifie, montre-lui un jour ardent, le soleil, tu l'éblouiras ; crie-lui très-fort à l'oreille, il est surpris et saute de frayeur, on craint même qu'il en soit indisposé.

Mais, mon cher, tu es fou!

Pas déjà si fou, mon cher!

Mais pourquoi généralement croit-on à la parole du prêtre?

Parce que la mère lui abandonne son enfant en naissant. Là, dans le baptême, le prêtre commence à s'emparer de son petit cerveau qu'il touche comme pour dire : voilà notre propriété, l'idée. Commence-t-il à marcher, on conduit l'enfant au prêtre et on lui enseigne à le respecter ; de là cette sorte de vénération qu'a généralement l'enfant pour le prêtre ; on lui dit qu'il est ministre de Dieu, l'enfant le croit, pensant que sa mère doit connaître à fond les choses qu'elle enseigne et qu'elle ne doit pas le tromper. On donne une signification à ces choses, on appelle cela religion et, à tous pas que vous faites, soit dans le chemin de la terre, soit dans le chemin de la vie, vous trouvez une chose qui vous frappe sur le chemin, c'est une croix qui vous rappelle l'idée de la religion. Voyez cet homme habillé de noir, il vous rappelle l'idée de la religion ; vous approchez d'une ville : qui la domine? un clocher, l'idée de la religion! Qui vous éveille le matin? une cloche, l'idée de la religion! Toutes ces images de saints, d'auréoles, d'anges appuyés sur des images, l'idée de la religion!

Et l'on n'y penserait pas! On vous prend au berceau et, de cérémonies en cérémonies, on vous conduit à la tombe.

Mais, mon cher, tu es fou, tu es fou!

Pas déjà si fou, mon cher, pas déjà si fou.

Cependant la religion, le prêtre, le ministre de Dieu, disent que c'est bien ainsi.

Comment! Dieu, le Dieu de l'univers, qui est tout ce qu'on entend, l'on voit, l'on respire, aurait choisi pour ministre de cet universel royaume, un homme! ô calomnie! ô orgueil! C'est comme si vous disiez qu'une nation a choisi un insecte (quoique relativement bien plus gros de lui à l'homme que de l'homme à Dieu) pour le gouverner; elle serait idiote au plus haut degré.

— Mais, Dieu se révèle à nos yeux, à chaque instant! . . . .

. . . .

Mais où, comment existe-t-il?

Il est dans la grande loi qui consiste en l'harmonie universelle, sous forme de corps, de mouvement et de lumière : aveugle qui ne voit pas celui-là. Tout ce qui est, est lui, tout ce que nous embrassons de la vue et de l'intelligence est une partie de lui. Il est donc impossible de connaître tout Dieu, puisqu'on ne peut pas parcourir l'univers.

Quel sera désormais le nom et l'application de la

religion ? Son nom sera *libre pensée*, son application sera la *science*.

FORCE DE LA COLLECTIVITÉ.

La vie de tout être qui périt est répartie sur tous les autres êtres ; moins il y aurait de peuples animés sur un point et plus il y aurait de vie végétale. Une preuve, c'est que si les habitants des villes étaient aussi mal nourris que ceux de la campagne, ils ne vivraient pas. On dit que c'est le grand air qui laisse aux campagnards ces joues rosées. Oui, c'est bien l'air, en vérité, c'est-à-dire un air neuf qui n'est point appauvri ; car l'air que respire l'homme de la ville qui ne vit que dans l'atelier, n'est-il pas épuisé, affaibli dans tous les individus par où il passe, car il est probable que l'air ne sort pas du corps dans le même état qu'il y entre ; il doit laisser quelque chose de sa substance. Respirer un air trop épuisé ne doit pas plus nous nourrir qu'une mauvaise terre ne nourrit une plante. Pour le choléra ou la fièvre jaune, ne serait-ce point, en effet, le manque de nutrition dans l'air qui causerait ces maladies? On dit qu'où il y a des eaux stagnantes, il se forme des myriades d'atomes, ou miasmes, ou infiniment petits; que, lorsqu'ils vous envahissent, les poumons arrêtent la circulation du sang, de là, la décomposition et la mort si l'on n'a pas soin de les détruire. Ne serait-ce point que le principe vital de l'air se trouve absorbé par ces myriades d'atomes et qu'il n'en reste plus pour nous? Les villes situées sur les montagnes, sur les hauteurs, sont généralement exemptes de ces maladies, parce que les brises sont fortes, et renouvellent l'air promptement, emportant ainsi les envahisseurs. La propreté évite bien des maladies. C'est que la malpropreté facilite l'éclosion et nourrit mille insectes que la propreté évite; c'est une masse de vie répartie entre nous et qui fait notre bonheur, d'autant plus grand que nous en avons une plus forte dose; un atome ne ferait pas mourir un homme. Cela ne prouve qu'une chose : que l'union fait la force, puisque la collectivité de ces êtres peut détruire toute la population d'une province. Un géant, tant fort soit-il, sera détruit par les petits. Un riche, tant riche soit-il, ne sera jamais si puissant qu'un peuple uni et solidaire.

CHANGEMENT.

Le mot changement est synonyme de mouvement. Le mouvement, c'est la vie, le changement aussi; et qu'est-ce donc que l'inconstance si ce n'est le changement, le mouvement? Tout subit cette loi, qui est une nécessité. Donnez à la terre la même graine, elle sera bientôt fatiguée sinon usée; au contraire, variez la semence, elle résistera toujours; car, à mesure qu'une plante absorbe un sel, la terre s'en appropriera d'une autre nature pour une autre plante.

Ne serait-ce pas de même en amour? car chacun a

sa manière d'aimer. Celui-ci possède telle ou telle série de mots plus ou moins sympathiques à son organisme pour expliquer ses pensées, et cette manière de s'expliquer varie très-rarement; une preuve, c'est que l'on reconnaît toujours à son style tel écrivain. Eh bien, ne se blase-t-on pas de ce style ou bien n'éprouve-t-on pas de plaisir à changer de lecture ou d'auteur? n'est-ce pas là se soumettre à cette loi de changement si douce et si attrayante? Résistez, vous souffrez, cédez, vous êtes heureux!

—

GUERRE.

La guerre, l'esclavage, c'est la mort! honte à la guerre! honte à l'esclavage!

La paix, la liberté, c'est la vie! Gloire à la paix, gloire à la liberté! Napoléon III a dit à Bordeaux que : « l'Empire c'est la paix. » Si l'Empire est la paix, pourquoi des armes? Plus d'armes ni d'armées ruineuses, là est la sécurité.

On ne tue point un homme qui brise son épée! Si, cependant, son adversaire était un assassin, les témoins se révolteraient.

—

SOLIDARITÉ.

Une preuve que l'humanité est solidaire, c'est que vous ne verriez mourir un de vos semblables sans en être affecté, soit qu'il se noie ou se brûle ou qu'il lui arrive une chute, etc. C'est qu'en effet, l'être humain qui vient de mourir, qu'il soit enfant ou formé, ou vieillard, est malgré vous une partie de vous-même, et le moment de la chute est toujours pénible. Seulement, après la mort la renaissance, comme après la nuit, le jour; comme après la routine, naîtra la science.

—

LIBERTÉ.

Lisez Emile de Girardin, il en est le phare. Evitez-en l'écueil. Moi j'aime la liberté, parce que sans elle tout est mensonge, hypocrisie, arbitraire, misère; parce qu'avec elle tout devient vérité, justice, égalité, bien-être!

A moins que l'on envie le sort de l'oiseau en cage; alors, ce n'est pas difficile : faites-vous mettre en prison.

—

PRISON.

La liberté est le bien le plus précieux de l'homme : on inventa la prison afin de le punir de ses méfaits en le privant de sa liberté. Il serait préférable de considérer comme atteint d'aliénation mentale l'homme qui causerait un préjudice à son semblable et de le reléguer dans une maison de santé. La prison, qui déshonore l'homme, le froisse, le perd pour jamais, tomberait d'elle-même devant cette sage mesure.

Hommes qui condamnez, hâtez-vous de pardonner : il n'y a qu'un pas de la raison à la folie.

FORCE OU FAIBLESSE.

On dit : telle personne est forte, parce qu'elle a résisté à telle passion, comme d'aimer quelqu'un et le lui cacher, par rapport à la critique.

C'est le contraire qui existe.

C'est de la faiblesse, parce qu'elle a obéi à l'usage ou à l'opinion publique qui sont changeants, et cède à ses propres sentiments, loi divine, qui sont tous constants.

—

FAMILLE.

Pourquoi ne craint-on pas sa mère? parce qu'on l'aime et qu'on ne craint pas ce que l'on aime. On craint davantage le père, parce qu'on l'aime moins. Si on ne le craint pas, c'est qu'on l'aime; là il devient mère, amour, idéal!

L'homme n'est rien dans la famille ou presque rien; c'est l'être matériel apportant le matériel; la femme est l'être amour, ne s'occupant que d'amour, d'affection; son affection n'est pas pour l'homme, elle est pour ses enfants; la preuve, c'est que la femme riche ne va pas chercher son mari dans les lieux de plaisir; si la femme pauvre y va, c'est qu'elle a besoin du matériel, c'est-à-dire du nécessaire à l'existence. L'homme va seul dans les plaisirs, parce qu'il n'est point chef de famille et qu'elle veille sur elle. L'homme est esclave de la femme, parce qu'elle est la force et que, si la force existe, c'est pour remplir son rôle naturel ; la femme est le maître parce qu'elle est amour et que l'amour soumet la force ; la femme ne travaille pas parce qu'elle a ses enfants à nourrir ; lorsqu'elle fait un travail pénible, elle se fait homme ; c'est un mal, elle viole et dompte les lois de son organisme ; la femme qui n'a pas d'enfants est malade. Si l'homme ne travaille point, il se fait femme, c'est une lâcheté, vu qu'il n'enfante point et qu'il ne peut remplir le rôle naturel de la femme en ce qui concerne la famille; il ne saurait pas régler davantage avec économie les dépenses de la maison.

L'enfant est donc tout entier à la mère ; la mère n'abandonne jamais ses petits, excepté la mère dépravée qui, heureusement, est rare.

L'homme n'est rien dans la famille, car beaucoup d'enfants ignorent leur père et peu ignorent leur mère. Pourquoi l'homme ne reconnaît-il pas avec autant d'empressement l'enfant que la mère? C'est qu'il n'est rien dans la famille, et la mère, de par la loi de nature, ne saurait le renier. Qu'une mère meure, est-ce un homme qui prendra soin de l'orphelin? non, c'est une mère : la femme, l'amour !

La femme qui a des enfants et se remarie ! est-ce que le nouvel époux va prétendre que c'est là sa famille? Eh ! sans doute, direz-vous. Oui, mais tout simplement parce qu'il les nourrit. Croyez-vous qu'il les aime? Non pas. Avec le temps, l'habitude, il se forme un lien qui vous fait souffrir, s'il vient à se briser, c'est-à-dire s'il y a séparation; pourquoi pas? un fumeur a bien quelque considération pour une vieille pipe qu'il a culottée.

Toute la famille est donc à la mère; à elle toutes les rixes, toutes les douleurs, toutes les peines, tous les soins de la famille. Heureusement qu'il y a compensation dans le surcroît d'amour qui naît de son enfantement et de ses douleurs qui ne peuvent être causées que par un bonheur ineffable. Celui qui meurt de douleur a eu la suprême joie. Donc, si la femme a toutes les douleurs, elle a aussi toutes les joies : être inquiet, se sacrifier pour une chose, c'est l'aimer au suprême degré.

L'homme n'a que peu de la famille : il n'a ni les douleurs, ni les troubles, ni la constante inquiétude; il ne peut donc avoir qu'un bonheur relatif: il est né absolument pour chercher la nourriture presque exclusivement.

Aussi, passe-t-il sa vie à des futilités : tabac, liqueurs, jeux de cartes, billard, etc., de plaisirs qui n'en sont réellement pas. S'il veut s'élever, se poétiser, il ne faut pas qu'il s'éloigne ni du temple de la nature ni de la femme qui seules peuvent lui communiquer un peu de son organisme, de sa douleur comme de sa douceur. Tous les poëtes se sont formés de la femme. L'homme qui vit éloigné de la femme se matérialise plus qu'il ne l'est déjà; il perd le goût du beau comme du bien; il devient l'isolement et presque la mort. Oh ! infernaux célibataires! mâle et femelle, de brutes sont plus près de Dieu, l'amour, que l'homme isolé de la femme.

Il est donc arrêté que l'homme est la matière et

que la femme est l'esprit. L'enfant reçoit pourtant de la matière sa nourriture; il aime cependant mieux la mère, l'idéal! de là cette douce vie d'espérance; s'il a un tendre sentiment, c'est pour la mère! un doux souvenir, c'est de la mère! une douleur: ma mère! un mot d'un soupir: encore ma mère! Toujours elle, parce qu'en vérité elle n'est que tendresse, amour. (Oh! que n'a-t-elle l'éducation qu'on donne à l'homme, afin qu'elle instruise elle-même son enfant, elle, précepteur naturel de la famille! pauvres enfants sacrifiés à des êtres indifférents autant qu'incapables.) Le père est moins sensible, moins ardent, moins violent, moins prompt au moment du danger pour leurs petits. Elle agira avec violence, il agira avec prudence; elle se précipite, il l'arrête; si elle s'emporte plus vivement, c'est qu'elle sent davantage. Soyez abattu, elle vous encourage, elle donne la philosophie. Soyez dans un lieu qui vous fasse oublier vos intérêts, les siens, ceux de ses enfants; elle va et vient dix fois, prévient tout, prévoit tout. Aussi l'homme sage l'approuve-t-il toujours lorsqu'il a retrouvé son sang-froid. (Pauvres hommes intolérants, imprévoyants, que diriez-vous si la femme se livrait à un pareil dévergondage?) Ainsi donc, la femme est le chef de la famille; l'homme n'est que la force, la femme est l'idéal, l'inspiration; il la subit tout entière, il est son esclave par sa nature; son très-humble serviteur, toujours asservi par elle; quoi qu'il fasse jusqu'à des lois en sa défaveur, il est obligé, quand même, tant son idéal le domine, d'apporter la nourriture parce qu'il obéit à une loi, la force.

La femme comme l'homme sont susceptibles d'une séparation aussitôt que la sympathie est brisée et remplacée par l'antipathie. On dira : mais, si la femme est délaissée par son mari, qui va nourrir ses enfants? Elle est tout amour! qu'elle captive une autre force, un autre époux! Mais, dira-t-on, si elle n'en trouve pas? ou, si elle en trouve un, acceptera-t-il une aussi lourde charge? Sans doute, et cela se voit tous les jours : des hommes épousant des femmes avec beaucoup d'enfants ; de même les femmes. La femme, c'est tout; la famille est un détail. Cependant le sacrifice est plus grand pour la femme que pour l'homme; car, pour cette nouvelle famille qui vient tout à coup, il doit naître des affections, et une affection ne se forme pas sans souffrance; la preuve est ce raisonnement qui dit : qu'on aime d'autant plus ses enfants qu'ils vous ont coûté de soins. Pour l'homme c'est bien différent, il n'est guère né pour l'affection d'enfants, puisqu'il n'a, pour ainsi dire, pas de famille, vu qu'il n'a pas de mamelles; et puis, je l'ai déjà dit, l'homme est la force, il est asservi par la femme et subit naturellement son influence, celle de l'amour.

La femme s'occupe de son mari tant qu'il est amour et qu'il s'occupe d'elle; elle lui est fidèle, à la condition que celui-ci ne l'abandonnera pas, même un jour, si ce n'est par force; car la réhabilitation de celle qui attend, par l'opinion, est que les absents ont toujours tort; elle est fidèle à la condition que ses enfants absorberont tout son cœur, son être amour! S'il n'absorbe pas tout, malheur à l'absent, dis-je, ou à l'indifférent; elle sera infidèle! L'amour ne se sépare pas plus de l'amour que le ruisseau du fleuve, que le fleuve de la mer; tout ce qui est sympathique se lie, s'enchaîne; tout ce qui est antipathique se délie, se brise.

Et si la femme est délaissée par l'époux, dis-je, qu'elle captive un autre époux ou que l'Etat pourvoie, si son amour est impuissant à captiver une autre force qui doit porter la nourriture journalière; vous m'objecterez que la société n'est pas obligée de nourrir les enfants qu'un père abandonne : moi je crois le contraire; la preuve est que l'orphelin n'est jamais sans père. Ce que l'Etat devrait faire, ce serait d'imposer fortement le célibataire, car il n'y a pas un de ces hommes qui n'ait subi cette loi de reprocréer et qui ne s'y soit soumis. Il a donc des enfants qu'il ne nourrit pas, donc l'Etat prendrait ce soin pour lui, qui le néglige; mais la séparation de deux époux ne se fait pas si facilement, il faut des motifs graves; on supporte bien un peu mutuellement ses petits caprices, si l'on a quelques qualités pour faire compensation, ne pouvant pas toujours espérer la perfection.

—

ÉDUCATION.

On me dira que si la mère ne veillait pas sur sa fille, elle aurait bientôt à regretter de ne l'avoir pas fait avec soin.

Qu'elle lui donne donc de bonne heure une éducation saine, c'est-à-dire avant l'âge où la nature ne 'interroge, et elle saura se gouverner elle-même au noment fatal pour la jeunesse où ni la mère ou ıulle autre puissance ne peuvent le faire, si ce n'est a raison même qui modifie ses besoins naturels.

Ne croyez pas que la mère soit une garantie pour e qu'elle nomme l'honneur de sa fille; car si cette dernière éprouve un besoin, et que sa mère lui soit un obstacle, elle saura bien l'éviter ou la tromper par quelque ruse hardie autant que la passion est forte. Elle devient dissimulée, menteuse, et ses vices finissent par s'incarner en elle! Quel malheur d'avoir fait à son enfant une pareille éducation!

Il est cependant un moyen bien simple d'éviter ces disgrâces, c'est de marier jeune sa fille avec n'importe quel honnête jeune homme; ne regardez pas sa fortune; ne regardez pas sa conduite; s'il est jeune, il est riche et honnête; aurait-il déjà des vices qu'ils disparaîtront bien vite. S'il demande à l'épouser, il l'aime; s'il est accepté, il est aimé. Qu'une question d'intérêts ne fasse pas retarder l'union; la jeune fille y perdrait; car son imagination va agir et réagir et créer peut-être dans son cerveau la fatalité.

Laissez prendre aux jeunes époux la direction de leur maison. Ils ne sauront guère au début, ils dirigeront peut-être mal; tout travail demande un apprentissage; mais, avec un aide mutuel, ils modifieront l'action, l'un par l'autre, et la perfection de la gérance arrivera en même temps que les deux caractères auront fusionné ; les enfants arriveront, complément du bonheur du ménage. Jeune, on est sensible, on n'a donc pas à craindre d'ingratitude, de délaissement de la part de cœurs tout pleins d'amour ; l'union est donc faite, bien faite pour la vie, car l'incarnation de tous ces êtres les uns dans les autres s'est opérée dans toute la force et la puissance de l'amour.

Toute crainte du mal disparaîtra lorsque la mère sera assez instruite pour être elle-même le précepteur de son enfant.

FRATERNITÉ.

Le mot fraternité est absurde s'il est pris dans ce sens que deux enfants de la même mère sont toujours unis par un lien naturel, sympathique. Ce n'est pas parce qu'on est enfant de la même mère qu'on est attaché l'un à l'autre ; ce n'est que le temps et l'habitude de vivre l'un près de l'autre qui vous attache. On aime d'autant plus tel ou tel lieu qu'on l'a habité plus longtemps, ou qu'il vous plaît par ses formes, sa position, sa beauté. Une nourrice aime mieux son nourrisson que la mère, ses regrets sont plus cuisants s'il vient à mourir : elle vient de briser avec une affection, avec une habitude que la mère n'avait pas formée. On dit : ceci est mon sang, et, pour cette cause, je l'aime. Ce langage est complétement faux. Une poule aime-t-elle moins ses poussins parce qu'on lui a changé ses œufs? Ce n'est que la foi qui sauve. Si une mère apprenait, en accouchant, qu'on vient de lui changer son enfant, elle ne voudrait pas de l'enfant échangé contre le sien, parce qu'elle a déjà possédé cet enfant neuf mois dans son sein; elle a déjà souffert pour lui, pensé à lui; elle l'aimait avant qu'il naisse. Mais que cette mère ignore ce changement, elle aimera l'enfant étranger, ainsi que la poule ses poussins étrangers; donc le sang n'est pour rien dans l'amour qu'on a pour sa famille, c'est tout simplement l'habitude; qu'elle apprenne plus tard ce changement, elle n'en aimera pas moins l'étranger, qui ne l'est plus, car il est devenu, par le temps, les soins et les carresses, membre de la patrie maternelle.

Le mot *Fraternité* n'a donc aucun sens, si ce n'est que pour qualifier deux enfants de la même mère; sortant de là, il n'a plus de sens, ne pouvant s'appliquer à la masse des citoyens; car un être antipathique ne peut pas être votre frère. Le mot *Solidarité* serait plus convenable, car on peut vivre avec un être antipathique si l'on a de grands intérêts à sauvegarder. Mieux vaut boire de l'eau trouble que de se laisser mourir de soif.

—

HÉRÉDITÉ.

Trouvez-vous dans un milieu d'hommes instruits, honnêtes, vaillants; votre tempérament, votre esprit changeront, se perfectionneront. Ici vous prenez tout et ne donnez rien.

Trouvez-vous, au contraire, dans un centre d'idiots, vous finirez par perdre tout ce que vous avez de sagesse, de savoir; vous vous idiotiserez.

Là vous donnez tout et ne prenez rien.

C'est un niveau d'eau.

Voilà pourquoi tous les enfants d'une même école ont le même type. Où donc est le jour où la mère sera le précepteur de son enfant!

—

COMPAGNONNAGE.

Tant que le compagnonnage n'aura pas son journal, il n'arrivera pas à la fusion; les volumes, les brochures ne suffisent pas.

Qu'il se trouve une idée saine à chaque compagnon, il n'y a pas là matière à brochure; mais il y a toujours article de journal; faute de ce journal, cette idée se trouve anéantie.

Compagnons, si vous voulez l'unité, ayez un organe.

—

CONSTITUTION CIVILISÉE.

ARTICLE UNIQUE.

Quiconque portera atteinte, soit à la santé, soit à la propriété, soit à la vie de son semblable, sera considéré comme atteint d'aliénation mentale et relégué dans une maison de santé et mis à la disposition des docteurs compétents qui les rendront à la société lorsqu'ils les jugeront complétement guéris.

UNE MORTE.

Il est dans le cours de la vie de ces scènes si émouvantes qu'il est impossible de les laisser périr. C'est en quelques lignes et près de cette douce morte, qui me rappelle à la fois tant de bons et tristes souvenirs, que je vais tâcher de les esquisser. Toutes les personnes qui ont connu les vertus des trois femmes dont je vais entretenir le lecteur seront étonnées de tant de force, de courage, de misère et de persévérance.

Lecteur, à toi de les imiter!

La première de ces femmes, ce fut la mère, type de bonté et de beauté; son enfance fut toute de misère et de privations; elle eut à subir des fatigues de toute nature; je les passe sous silence.

Cette femme se maria; elle eut de ce mariage deux filles : l'aînée, d'une physionomie masculine, avait tout le courage de l'homme, et, j'ajouterai, ses goûts : prendre un fusil, prendre un outil, descendre un fût de vin à la cave; son estomac réclamait une nourriture forte; sa voix presque mâle, et, en dehors de cette physionomie, toute la douceur de son sexe et la tendresse d'une mère. Juste à l'infini, préférant perdre ce qui lui était dû que d'intenter un procès, disant que la justice était juste, mais que les juges ne l'étaient pas. Sa sœur, la plus jeune des deux, la morte d'aujourd'hui! oh! la voilà : la douceur dans toute sa beauté, dans toute sa grandeur : née pour l'harmonie, elle avait tout ce qui peut charmer, excepté la beauté du visage, sans être laide, cependant, mais recherchée dans sa jeunesse par sa douce gaieté et la douceur de sa voix.

La mère et les deux filles, dont je viens de peindre en quelques lignes les qualités, avaient pour elles, trinité juste, l'esprit de justice, l'amour du travail, en un mot, tout ce qui constitue les hauts sentiments de la dignité humaine. La mère faisait le métier de lingère; elle apprit son métier à ses deux filles. A l'âge de onze ans elles savaient leur métier, elles étaient déjà maîtresses d'apprentissage, emmenaient en journée avec elles à la campagne les apprenties de leur mère, semant çà et là des chants, des joies et des rires; le malheur était dans leur tempérament et le bonheur dans leur destinée; car déjà, enfants qu'elles étaient, elles eurent à visiter leur père et leur oncle en prison, eux, soldats du premier empire, pour avoir, dans un café de Pouilly, arraché la cocarde d'un royaliste : commencement pour elles des visites pénibles, effrayantes de la prison.

Elles grandirent en faisant l'admiration de la jeunesse de leur temps; elles furent un modèle d'union entre sœurs; elles se marièrent et furent des modèles d'épouses. Pendant le mariage tout prospérait; elles restèrent modèles de mères pendant le veuvage, car elles devinrent veuves toutes trois en dix années environ.

A l'aînée il ne resta qu'un fils ; ce fils était chétif ; on craignait qu'il ne mourût aussi. Sa mère n'avait presque pas de lait pour le nourrir, on désespérait de le sauver; il était l'enfant gâté, on lui tolérait tout.

La plus jeune devint mère aussi, neuf mois après sa sœur, d'un gros et fort garçon dont la vie ne laissait aucune inquiétude. La mère avait des mamelles pleines de lait, source de vie intarissable qui servit à nourrir et la chétive et la robuste existence. Tout cela venait comme une combinaison naturelle. La force suppléait à la faiblesse, la source pleine à la source vide; elle était deux fois mère, cela ressemblait à l'harmonie. Ces deux enfants pleuraient, souriaient, s'aimaient et grandissaient, quoique l'un vînt prendre à l'autre sa mamelle, sa part de vie.

Deux ans après il vint un deuxième enfant à la plus jeune; on se réjouit encore à ses premiers sourires : on aimait tant!

Sept ans après, le père mourut; les trois femmes étaient veuves. Mais, hélas! un surcroît d'amour arrivait, comme un surcroît de travail : un troisième enfant arriva après deux mois de veuvage. Il y avait dans toutes ces misères des désolations, mais il y avait aussi des joies et des espérances.

Le courage n'abandonna personne.

On trouva de suite à se remarier avec de braves gens et assez riches; mais, donner un beau-père à ses enfants, pour qu'il ne les aime pas autant que le vrai père et les rende malheureux! Non, non! on sait s'abandonner à la voix des passions, on obéit à la raison.

Les trois femmes s'unirent et ne firent plus qu'une famille; on était sept à table. Les quatre enfants n'étaient plus cousins, ils étaient frères, veillant les uns sur les autres.

Rien n'était cependant au préjudice des autres; il y avait de l'économie, il y avait de l'ordre; les comptes étaient réglés tous les ans : elles n'ont jamais rien demandé à la commune pour l'éducation de leurs enfants, qui savent tous lire et écrire. Sans cette combinaison de forces, sans cette douce harmonie, que seraient devenues ces deux familles? Personne ne le sait; tout aurait croupi dans la plus complète ignorance, dans la dernière des misères, peut-être.

Lorsque, après la journée, tout le monde était de retour à la maison, dans les longues et courtes soirées, chacun, à son tour, faisait lecture pour tous. C'est qu'on était beaucoup : 1° sept dans la maison; 2° depuis cinq jusqu'à dix maçons qui logeaient à la maison ; 3° depuis trois jusqu'à six jeunes filles apprenties lingères.

La maison était comble, les uns debout, les autres assis sur les meubles ; c'était une école. On apprenait à lire et écrire à ceux ou celles qui ne le savaient pas; on leur enseignait l'ordre : malade, on soignait tout cela. On avait un livre de recettes où l'on guérissait beaucoup de maladies; on était écrivain public.

Voilà la tâche que s'imposèrent et remplirent fidèlement ces trois femmes pendant plus de cinquante ans. Elles ont semé des joies par leurs douces chansons, par leurs bons conseils, en guérissant les malades, en supprimant l'ignorance et semant l'instruction ; donnant le bonheur en conciliant les familles, prêchant toujours la paix qu'elles aimaient tant, sans oublier la bienfaisance.

Pas un pauvre n'est sorti de la maison sans emporter son liard, jamais plus, jamais moins. Malgré tous ces soins, tous ces efforts, on prospérait, on embellissait les propriétés, on liquidait les dettes laissées par la mort. Quel travail, quelle persévérance !

Et, la soirée finie, chacun disait bonsoir, et les mères disaient à tous : « Bonsoir, mes enfants! » Quant aux leurs propres, on les conduisait à leur chambre et l'on attendait qu'ils fussent endormis; car les petits tyrans exigeaient qu'on ne les laissât qu'endormis.

Le fils de l'aînée était somnambule, d'un tempérament nerveux; chaque nuit il criait, se levait et se sauvait; mais le fils aîné de la plus jeune, son cousin, couchait avec lui, y veillait, avait pris l'habitude, aussitôt qu'il le sentait remuer, de l'arrêter et de l'éveiller. Par ce soin, tout le monde dormait tranquille, excepté toutefois l'enfant qui veillait sur l'autre.

Là commence la vie inquiète de cet enfant, que nous nommerons toujours l'aîné. Quant aux autres, ils grandirent sans par trop d'aventures extraordinaires, tempéraments froids; mais il en survint assez, cependant, pour tourmenter la mère; nous en parlerons plus loin.

On eût dit que ce fils aîné était destiné aux revers, car, à l'âge de six ans, en s'occupant avec un outil tranchant à arracher les clous d'un vieux soulier qu'un autre enfant tenait, afin d'en faire de la ferraille, il lui coupa le bout de deux doigts. Quel chagrin pour la mère de l'enfant qui resta caché tout un jour sous un lit, après ce grave malheur. Ce fut une longue tristesse dans la maison. Quel chagrin pour l'autre mère qui croyait son enfant infirme!

Cette femme mendiait, ce qui augmentait les charges des trois femmes; car on donnait beaucoup à celle-ci pour cause de l'accident survenu à son enfant, qui ne fut point infirme cependant, apprit un métier et fut exempt de la conscription à cause de ses doigts.

Le deuxième enfant de la plus jeune eut aussi le malheur d'atteindre à la tempe une femme qui lui commandait d'éloigner des canards qui faisaient de l'eau sale dans la Loire où elle lavait du linge; on la crut morte pendant une heure. O désolation! voilà des douleurs effrayantes.

Le temps passait; alors c'était le meilleur, quand le soir tout le monde était rentré, on n'avait pour ainsi dire plus d'inquiétude. A l'âge de onze ans, l'aîné sortit de l'école, on l'envoya un an chez un notaire, et à douze ans en apprentissage. A quinze ans, son apprentissage finit, il savait assez travailler; le travail manquait, il fallut partir. L'enfant abandonner sa mère et surtout la mère abandonner son enfant : quels pleurs, quelle désolation ! ce n'était pas une, mais trois mères en pleurs, trois affections, trois liens brisés à la fois, trois douleurs en une.

Il s'éloigna des mois, puis revint, puis repartit; il avait pris l'habitude des voyages, l'esprit d'initiative, d'indépendance ; il ne pouvait plus subir le joug maternel; ce fut pour ces mères un enfant perdu pour toujours. Il était absent, les lettres, les conseils, ne lui manquaient cependant pas. De loin on veillait au linge ; on prévoyait tout ; on envoyait du papier, des plumes, du fil, des aiguilles, etc., etc. Quelle prévoyance ! on entretenait ainsi le doux lien de famille.

Il grandissait sous cette douce influence, se pénétrant de tous ces sages conseils ; il portait lui aussi la joie dans les cœurs, avec les douces chansons que ses mères lui avaient apprises.

Il aimait la paix et détestait la guerre, prêchait l'amour et non la haine; la justice et non l'injustice; le dévouement et non l'égoïsme ; le groupement des hommes et non la division ; dédaignait l'ignorance et cherchait à s'instruire; il aimait l'harmonie.

Il composa quelques chansons fraternelles, afin de faire cesser entre compagnons, entre ouvriers, tous aussi estimables les uns que les autres, les guerres qui ensanglantaient le *tour de France*.

L'effet ne fut pas manqué, on prit ces chansons en goût et elles devinrent les chansons familières de sa société d'abord, et des autres ensuite, grâce à la publicité que leur donna Perdiguier dans son *Chansonnier du tour de France.*

Il avait été reçu compagnon et surnommé *Nivernais Noble-Cœur*, à cause de tous ses bons sentiments pour ses concitoyens; on l'aimait, on parlait de lui; sa mère le savait et en éprouvait une certaine joie; mais cela fut de courte durée.

Il arriva un changement de gouvernement; on proclama la République. Il avait vingt ans; une carrière politique s'ouvrit pour lui qui jusqu'alors ne s'était appliqué qu'à se bien réjouir, bien chanter, bien travailler, bien aimer; il était un peu admiré dans toutes ses actions.

Ce fils voyageait toujours; la mère comptait le voir revenir, se marier et se fixer près d'elle : triste déception, il se maria très-loin de son pays, et elle ne put jouir encore cette fois de la présence de son enfant.

Cependant, elle avait vu sa femme, qu'elle aimait à cause de son agréable caractère. La voilà encore presque heureuse. Elle devint grand'mère. Les correspondances entretenaient toujours le lien de famille.

Mais un jour, c'était en 1854, le travail manque où son fils habite; il part pour Paris, d'où un mal de doigt le ramène à Pouilly (commencement de nouvelles inquiétudes); il reste un mois et repart pour Paris où il travaillait. Il survient un procès, deux procès politiques, et puis la prison cellulaire, et puis la prison ordinaire, et la maison centrale, et les transports cellulaires; et puis le bagne, et puis la transportation, et puis l'évasion et l'exil. Et tout cela dura six années! Six années d'angoisses pour ces trois mères! Pour la plus jeune, surtout, la vraie mère, ses trois fils prisonniers à Paris! Entreprendre ce voyage de Paris pour les visiter et s'en revenir sans cette satisfaction : tous ses enfants étaient au grand secret. Désolations sur désolations, agrandissement de misère physique, dépenses vaines; agrandissement de misère morale, voyage vain. (Voir l'*Evasion de l'Ile du Diable*.)

Deux de ses enfants étaient mariés et pères, triple inquiétude. On bravait tout. Ces trois femmes s'encourageaient mutuellement. « Allons, mes enfants, prenez courage! disait la mère; » « Allons, ma bonne sœur, prends courage! disait la sœur. — Oui, ma bonne sœur, répondait la sœur; tu sais bien que nous avons déjà visité notre pauvre père en prison pour le même motif. » Et, de consolations en consolations, on arrivait au port.

Le plus jeune des trois arriva à la conscription pendant que l'aîné était encore exilé; il tomba au sort. Il fallut emprunter 2,300 francs pour ne pas envoyer tuer sur un champ de bataille un enfant qu'on avait tant plaint, tant aimé, parce qu'il n'avait pas connu son père. Ces trois femmes, trois sœurs, trois mères ont encore contribué au rachat de cet enfant. O courage indéfinissable! immense amour!

Dans cet intervalle, la mère des deux sœurs mourut : la meilleure branche de l'arbre est retranchée.

Ce fut encore une longue désolation, mais ces sœurs s'encourageaient encore.

Après six années d'espérances, d'angoisses et d'encouragements, voilà l'exilé de retour, pauvre, épuisé, usé ; on était presque heureux. Mais cet homme fut pendant deux années malade, durant lequel temps il s'occupa à publier ses joies, ses revers, ses impressions et ses espérances. Mais tout cela ne faisait qu'inquiéter les deux pauvres mères au cœur saignant encore.

Voilà, au bout de deux années, l'exilé rétabli au physique comme au moral ; la méditation de l'exil l'avait entraîné, malgré lui, à s'occuper d'économie, de solidarité, de réformes dans la société ; il fut entraîné par ce torrent. L'impulsion était donnée par la *Banque du Crédit au travail*, qui venait de se fonder à Paris ; il crut qu'il était temps aussi de commencer à Pouilly. Il prit l'initiative pour organiser une association de consommation. Sa mère venait de leur donner ce qu'elle possédait, et il avait eu en héritage une maison qui se trouvait parfaitement située pour cet usage ; il se mit donc à l'œuvre, courut les ateliers ; le matin, dès l'aube, il attendait les vignerons, les agriculteurs, leur expliquait ses projets, ses espérances ; voir les hommes plus instruits, plus frères, plus solidaires ; il courait la campagne, mêmes explications, même travail. Il se réjouissait de se rendre utile. Il trouva plus de cent associés. Se croyant ainsi assuré du succès, il s'adressa à la *Banque du Crédit au travail*, qui lui promit son concours dans ses bureaux mêmes, rue Baillet, 3, à Paris.

Après avoir réuni une commission, qui se chargea de choisir et nommer des experts qui estimèrent la maison, il mit les maçons à l'œuvre, et voilà la maison démolie et en reconstruction. Ayant alors besoin de ses coopérateurs, il les invita à aller lui verser les fractions de leurs sommes souscrites. Mais, oh! chose incroyable! quelques-uns seulement tinrent parole; les autres avaient été conseillés par quelques malheureux, gens qui battaient la campagne pour arracher les bons germes qu'il y avait laissés, et cela tandis qu'il faisait le mortier et les terrassements et l'ajustage et la pose des solives en fer jusqu'à la charpente et la couverture.

Ces malheureux écrivirent une lettre collective au *Crédit au travail,* afin de lui ôter toute confiance, tout crédit; ce qui réussit parfaitement. Ces malheureux égoïstes furent crus et il ne le fut pas; il échoua dans son entreprise : le mensonge avait triomphé de la vérité, le mal triomphé du bien. Jugez des douleur de la mère qui allait, peut-être demain, voir vendre ce qu'elle possédait encore la veille.

Les angoisses de son enfant ainsi que celles de sa femme, qui souffrait comme lui, augmentaient les siennes; car eux aussi passaient des nuits sans sommeil, se désolaient, se privaient de tout pour faire triompher leur idée. Les haillons, le manque de nourriture, rien ne les effrayait; et, cependant, on était jaloux. Les uns venaient, frappant des poings sur la table, les traiter de gourmands; ils voulaient, disait-on, vivre à ne rien faire; un peu plus! C'était pour s'enrichir et se sauver avec l'argent des associés; voilà comment ils furent traités. Et les mères le savaient. Ni les frères, ni le cousin (le frère d'autrefois) n'avaient confiance. Imbus de préjugés, de routine, ils le traitaient de fou; il fallait penser à soi, ne pas s'occuper des autres : l'égoïsme! toujours l'égoïsme!

Il fut obligé d'abandonner son entreprise. Quelle chute morale! Echouer, pour lui c'était plus qu'une mort; un idéal perdu! Il fallait retomber dans la routine. Cela n'était rien,

Tout le monde le fuyait; plusieurs ouvriers ne voulaient plus travailler pour lui, craignant de ne pas être payé, ou bien il fallait payer d'avance. Payer d'avance, et pas d'argent; avoir recours à un emprunt, personne ne voulait prêter!

Un notaire avait promis, la bonne mère voulait bien céder son privilége pour son enfant; mais le notaire disait : « Y pensez-vous? mais s'il gaspille ce que vous avez, vous n'aurez plus rien. » Et la mère répondait : « Qu'importe! je suis vieille, mais j'aurai toujours mes bras! » Et tous ces gens, malveillants pour son enfant, lui brisaient le cœur.

Quelque temps après, ce notaire refusa ce qu'il avait promis. Un autre notaire voulut bien donner une somme, mais insuffisante pour terminer l'entreprise; on l'accepta quand même. Il avait promis mille francs de plus après la construction de la maison; il ne tint pas parole. Il eût fallu envoyer ses enfants à la messe; peut-être qu'ensuite c'eût été une mission secrète; il ne veut pas s'avilir. Il fallait naviguer sans boussole, au hasard, aux caprices du destin. Il navigua; il poussa l'entreprise aussi loin qu'il put. Il est en route, quand arrivera-t-il? Voilà l'inquiétude de la mère malade! voilà l'inquiétude de tous ceux qui s'intéressent à lui; mais quel en est le nombre? Il l'ignore. Il passa des mois entiers à chercher des capitaux en offrant des garanties; il n'en trouva qu'une minime partie, ce qui laisse encore des inquiétudes : la mère souffre toujours.

Les arts lui plaisent, il a besoin de quelques ornements dans sa maison qui est devenue café; dans ses quelques loisirs, il sculpte deux statues de grandeur naturelle, qui ne sont qu'ébauchées, quoique paraissant terminées à distance; eh bien, il est un fainéant! Et la mère souffre encore!

Une personne des plus estimables, que nous avions soignée étant malade, s'était fortement attachée à nous, ainsi que ses enfants. De son côté, elle nous rendit pécuniairement d'éminents services; elle avait un titre dans la famille : c'était la marraine de ma plus jeune fille. Pour cette cause, et pour la douce amitié qu'elle nous témoignait à tous, nous l'aimions de toute notre âme.

Madame Marie P., notre âme vous appartient; notre amour pour vous est sans limite; tant que nous respirerons, notre cœur se dilatera à votre souvenir et les plus douces larmes tomberont de nos yeux. Non-seulement vous avez été l'être aimé, mais vous êtes encore adorée; vous nous êtes indispensable, et votre présence, aujourd'hui comme par le passé, comme dans l'avenir, nous est trop précieuse. Comptez sur nous; car ceux qui nous ont aimé, qui nous l'ont prouvé, ont droit à notre reconnaissance, à notre éternel amour. Ni les ingrats, ni les indifférents n'habitent en nous; nés pour aimer, nous remplissons sur la terre cette trop douce tâche. L'ingratitude même ne saurait nous en éloigner. Pauvre femme, méprisée parce qu'elle nous aimait! Votre amour, oh! chère femme, nous était et nous est encore précieux. Qu'on dénature, tant que l'on voudra, les motifs qui nous avaient unis, rien ne nous arrachera l'espérance de vous revoir parfois, de nous informer de vous dans l'absence, comme si vous nous étiez un ange gardien. Dans le siècle où nous sommes, ceux qui ne font pas comme les autres sont méprisés, quand même ils feraient mieux que les autres.

Pardonnez-nous pour le mal que nous vous avons causé, pour le mépris retombé sur vous par notre présence dans votre trop cher intérieur; que ceux qui vous entourent ne vous fassent point souffrir; vous avez besoin d'une forte affection, votre cœur est jeune, bon, sensible, humain : qu'on apprenne à vous connaître, et l'on vous aimera comme nous vous aimons nous-mêmes. Je dis ces choses, parce que je désire que chacun puise son inspiration amoureuse dans votre être aimant, trop facile à attendrir, malgré votre sérieux naturel et votre douce inconséquence.

Pardonnez-nous toujours, mais aimez-nous toujours; car les trop peu fréquentes visites que nous vous fîmes vous firent mépriser ainsi que nous-mêmes. Il fallut briser avec ces douces affections d'amitié pour plaire à des personnes méchantes, et surtout pour calmer les nouvelles inquiétudes de la mère. A cet égard, on se plaisait à lui annoncer toutes sortes de bruits, toujours dans le but de la torturer, et cette douce femme souffrait toujours. Cet homme voudrait semer la joie, l'espérance, et tout ce qui l'entoure souffre. Né pour faire souffrir, tout ce qui ne le connaît pas veut le connaître, et tout ce qui l'approche souffre; il est presque le mal quand il ne songe qu'au bien : c'est une sorte de mal naturel; on dirait que cet homme est né pour souffrir et faire souffrir : il est trop dans le vrai, le mensonge ne le peut tolérer.

Il voit sa mère atteinte d'une mauvaise maladie; elle, qui ne vit que pour la paix, elle voit tous ses enfants désunis. Il va trouver le plus jeune de ses frères et lui propose de s'unir de nouveau afin de consoler la mère; il accepte, le cadet refuse; on ne lui donnera pas cette satisfaction avant qu'elle ne meure. Oh! tant aimer la paix et ne pouvoir l'introduire chez ses enfants, quelle douleur pour elle!

Deux de ses enfants sont heureux, mais l'aîné l'inquiète; son entreprise l'agite, la dévore; elle voudrait que ses autres enfants lui disent : « Notre frère ne sera pas malheureux tant que nous ne le serons pas nous-mêmes, » et ils ne le font pas!

On disait dans le monde : « Sa maison est vendue; » ni ses frères, ni le cousin, frère d'autrefois, personne ne va lui demander si cela est vrai : abandon complet. Voilà ce qui désole la mourante et sa sœur, qui se désole aussi parce qu'elle va la perdre. Lorsqu'elle est seule, elle se lamente : comment fera-t-elle pour vivre sans sa bonne sœur chérie, elle qui ne l'a pas quittée depuis soixante ans? Mais, depuis vingt ans au moins, qu'on ne s'est quitté ni jour ni nuit, pas même pour faire leurs lits, ni pour dîner, ni pour tirer un seau d'eau, il va falloir se séparer de ces douces habitudes, de ces mots si affectueux! Et si, cependant, l'on pleure près d'elle, elle dit que c'est assez de lamentations; qu'il faut avoir plus de courage; qu'il vaut mieux songer à travailler. Oh! vrai courage, logicienne sans pareille. On lui demande s'il serait possible de l'enterrer près de sa mère lorsqu'elle fut morte, elle répond que toute place est bonne; qu'elle sort de la mère commune, qu'elle retournera a la mère commune : la terre; qu'elle-même, lorsqu'elle serait morte, on pouvait la mettre dans son jardin, qu'elle serait toujours bien; et tout cela se disait auprès de sa bonne morte qu'elle ne veut quitter que lorsqu'on l'ensevelira.

Enfin le moment fatal est venu, la famille se réunit auprès de la mourante. Chacun se désole; elle, qui tenait tant à la vie, pour voir son enfant heureux avant de mourir, venait de rendre le dernier soupir. Celui qui avait causé tant d'inquiétudes, parce qu'il avait tant souffert lui-même, arrive trop tard pour la voir expirer; il l'embrasse, l'appelle en vain. On lui dit à lui, plein de la douleur de cette douce tombe, lui qui a le plus aimé de toute cette famille, ainsi que cette bonne morte, qu'il était un malheureux; on le menace de le chasser sur l'heure de cette maison, disant que, près de sa mère morte, il n'était pas chez lui. Les deux frères et le cousin l'insultent : il était cause de la mort de sa mère !

Oh ! les malheureux ! Après tant de tortures, à ce moment de suprême douleur, se voir ainsi insulté, flagellé, auprès d'une morte si tolérante, si douce ! C'est, sortes de bourreaux ! un crime horrible dont votre conscience aura à vous demander compte un jour.

Oui, elle respirait presque, puisqu'il me semblait encore sentir battre son noble cœur; elle pouvait entendre cette scène qui eût été le couronnement de son martyre sur la terre. Oh ! fasse le hasard qu'elle n'ait pas entendu cette scène navrante !

Oui, tandis qu'il cherchait encore de la vie dans les mouvements de sa mère, quand sa main cherchait encore un battement du cœur qu'il croyait sentir, on lui disait qu'il était bien temps de l'aimer, maintenant qu'elle était morte.

« Non, non ! reprit son fils, plein de la douleur de l'insulte, non, non ! les bons ne meurent pas ! les méchants seuls meurent ! » Et tous tressaillaient à cette vérité effrayante.

Une seule chère et bonne femme, née, je crois, pour recevoir les derniers soupirs de toute la famille, venait de recevoir ceux de cette juste créature et consolait son infortuné fils de l'insulte faite à cette heure solennelle de la mort. « Pardonne, disait-elle, pardonne, oublie le mal qu'on te fait; ta pauvre mère pardonnait tout, elle! Imite-la en sa dernière présence! » Et lui qui venait de jurer de se venger, de les tuer de sa main, se trouvait désarmé, vaincu, convaincu : il pardonna.

Son fils se coucha près d'elle; sa femme, la seule qui aimait la pauvre morte, pleurait avec lui; on voulut l'arracher du lit, mais l'on eût arraché avec lui sa chère morte qui s'était toujours trop inquiétée pour lui, car il était fort, et que les forts ne sont pas à plaindre. Elle eût voulu le savoir parfait, sans reproche, comme elle-même; mais sa nature brûlante, l'excentricité de son caractère exalté en tout le sortait de la vie commune, et ses actions étaient toujours blâmées par le monde routinier.

Après ce scandale, tout le monde abandonna la maison; il ne resta plus que l'insulté, sa femme, ses deux filles et la vieille sœur désormais seule au monde. Tout cela pleurait, se désolait devant ce muet témoin. Le calme revenu, le plus jeune de ses fils et la femme de l'aîné passèrent la nuit auprès de ce précieux trésor.

Le lendemain on fit des préparatifs de cérémonie funèbre; les trois fils et le cousin devaient la porter à sa dernière demeure, mais le cadet s'y opposa; il en fut autrement, tout se fit dans les conditions ordinaires.

La sœur s'éloigna lorsqu'il fallut l'ensevelir, et ses trois enfants la couchèrent dans son cercueil. L'aîné s'éloigna du cortége pour aller consoler la pauvre désolée : action plus utile que d'accompagner un cadavre.

Autre motif, il avait été insulté en présence de toute la famille, près du lit de la morte; ne le serait-il pas publiquement auprès de la fosse? Cette pensée le faisait tressaillir d'horreur.

Il savait bien que le public le condamnerait de ne pas accompagner sa mère à sa dernière demeure; mais qu'importe! il suit sa première idée, il n'ira pas; il préfère être seul au cimetière après la cérémonie, et voir couvrir, dans le silence, ces restes bien-aimés.

Oui, cela est vrai, qu'il a causé des chagrins à sa mère; mais c'était parce qu'elle le voyait souffrir lui-même et volontairement pour l'intérêt des autres, l'intérêt de tous. Oui, elle s'effrayait à tort de son avenir, mais elle s'en effrayait; il avait eu si peu de succès dans le passé. Elle voyait que ses frères ne l'aimaient pas, blâmaient toutes ses actions; ils ne veillaient pas, ne s'intéressaient pas à lui, comme elle le faisait elle-même.

Quelques inconséquences de la part de son fils ont pu la faire souffrir, mais non pas la faire mourir! Si le malheur tuait, dès les premiers jours de la captivité de ses trois fils, elle serait morte. Certainement que l'abondance de chagrin, le surcroît de travail, les longues veilles, les rudes privations n'y ont pas nui; sobre à l'excès, elle n'eût vécu que de légumes et de fruits; toutes ces circonstances étaient des motifs d'affaiblissement. Mais ce que la pitié n'admet pas, c'est que devant cette juste, cette paisible tombe, on insulte une vie vouée au martyre, à la douleur, par son amour pour la vérité; car depuis quinze ans bientôt cet homme ne s'appelle plus homme, il s'appelle fatalité. La destinée changera-t-elle, tout l'ignore. Cependant tout son être respire la sérénité. Sa vie se passe à secourir ceux qui souffrent, à chercher l'harmonie.

Maintenant, morte, repose en paix, ta vie n'a pas eu à rougir de l'inconduite de ton enfant et il fera tous ses efforts pour n'en pas faire rougir ta tombe. Qu'elle garde donc le calme de ta vie, ton fils outragé ira quelquefois visiter ta tombe afin de se mieux souvenir de tes douces vertus et tâcher de te suivre dans ta voie de désintéressement et de bienfaisance; remplir les cœurs de joie, remplir l'espace de mélodie et, comme toi, laisser un doux souvenir au cœur, une larme aux yeux de ceux qui le verront se coucher dans le champ des tombeaux.

Maison désolée où naquirent ces deux douces sœurs, où l'une est déjà morte, où l'autre mourra sans doute, elle est si modeste; l'aspect en est si agréable; la campagne se présente si majestueuse; sa solitude est si douce, sa lumière jamais voilée. On y voit la neige, on y voit les fleurs et les fruits; on y respire un air pur comme les sentiments de ces deux femmes.

O toi, fille de ta mère et sœur de ta sœur, qui restes seule maintenant dans cette maison, qui désires rejoindre au plus tôt tes chères affections, ces deux si chères parties de ton être; ô femme forte, espère! tout ne t'abandonnera pas. La seule idée d'avoir bien rempli ta vie doit te guérir de tes grandes douleurs; tu t'es réjouie dans les espérances, dans les joies, dans les éclosions du printemps ; la neige des hivers te voile tes douces beautés. Ne maudis pas, espère, espère ! un autre soleil les fera disparaître et le parfum des fleurs nouvelles te fera oublier les fleurs fanées, les feuilles mortes.

Espère, espère !

***

Maintenant, vous qui m'accusez, dites-moi ce que vous avez fait pour elle, vous qui l'avez, d'après vous, mieux aimée que moi ? Elle voulait nous voir unis, en frères que nous étions, l'avez-vous fait ?

Elle voulait nous voir nous aimer, avez-vous fait un sacrifice pour votre antipathie pour moi ?

La démarche a été faite pour nous unir ; est-ce vous qui l'avez faite ? n'est-ce pas moi ?

Si vous l'avez plus aimée que moi, qu'avez-vous fait pour le prouver ? rien ! L'homme qui serait au bagne à titre de forçat, tout forçat qu'il serait, quel est le frère qui ne l'irait pas visiter s'il était dans la ville où serait le bagne ? Eh bien, j'étais dans un bagne de dettes, dettes contractées en cherchant à me rendre utile à mes concitoyens : m'avez-vous visité ? avez-vous pris un défenseur pour tâcher de me faire acquitter du procès qui pesait sur moi ? non, vous ne l'avez pas fait. Moi, je l'aurais fait à votre place, je l'affirme devant la conscience universelle. Et vous dites que vous aimiez ma mère ! A nous trois unis aucun de nous ne pouvait périr, voilà ce qui eût consolé la mère.

J'ai un établissement public, est-ce chez moi que vous venez?

Quand on n'aime pas le fils, pouvez-vous aimer la mère? toujours non.

Plutôt que de m'apporter du crédit par votre présence chez moi, vous me l'enlevez par votre absence et par des démarches insensées, sous prétexte d'inquiétude pour des intérêts non compromis.

Oh! qu'il était facile que tout ce qui peut arriver n'arrivât pas!

L'avez-vous fait? non; vous n'êtes pas plus bon frère de votre frère que vous n'avez été bon fils de votre mère: on ne peut pas être bon et méchant, esclave et libre, juste et injuste, hypocrite et vertueux. Non, vous n'avez pas aimé, vous avez haï; non, vous n'avez pas été juste, vous avez été injuste; non, vous n'avez pas été bon, vous avez été méchant.

Et toi qui, autrefois, m'écrivais en ces termes:

Pouilly, le 22 mars 1863.

« Mon cher Henri,

Mon silence pouvait te faire croire que je t'avais oublié, mon cher ami. Je serais un ingrat, si j'oubliais celui qui fut pour moi non un cousin, mais un frère.

Quand je me rappelle le passé qui était si triste et le présent qui est si beau, je crois sortir d'un rêve, et à qui dois-je tout cela? c'est à toi et à ma chère cousine qui, je l'espère, aura aussi un peu d'indulgence pour moi. »

Et cette lettre très-longue, ainsi que tant d'autres, et toutes signées :

Ton frère et cousin.

Qui t'a rendu ainsi insolent? Supposons que j'aie mérité un reproche; admettons-le même? eh bien, toi aussi, sonde ta conscience? et que disait-on de toi en te voyant trop fréquemment dans certain cabaret? Eh bien, réponds.

De quel droit vos insolences, si vous n'êtes pas sans péché? vous n'avez pas le droit de jeter la pierre à votre frère et cousin : ton insulte et ton indifférence retomberont sur toi.

***.

HISTOIRE D'UNE ASSOCIATION.

Première réunion, 25 décembre 1864. — Discours du Gérant à cette première Assemblée.

D'après le mouvement qui s'opère en France pour les sociétés coopératives, et dont les esprits en général se sont pénétrés depuis quelques années, je ne pus moi-même résister au désir de participer à ce mouvement et je me mis à l'œuvre.

J'écrivis au gérant de la banque du *Crédit au travail* pour avoir des renseignements qui me furent envoyés avec la plus grande exactitude, et, au mois de juin de cette année, je commençai à propager cette idée civilisatrice et économique.

Le dimanche, je courus les lieux et les places publiques. Le matin, avant le jour, tantôt sur un chemin, tantôt sur l'autre, j'attendais au passage les ouvriers des champs; je leur lisais le règlement et je leur expliquais combien plus grande serait leur économie et leur émancipation : devenir majeurs, cesser d'être en tutelle et avec des tuteurs marchands qui se chargent de vous acheter et vous revendre vos produits, mais en conservant toujours la plus grosse part dans la distribution. Oui, le commerce individuel doit disparaître devant le commerce collectif, comme les moyens de transport individuels, pataches et fourgons, ont disparu devant les moyens de transport collectifs : chemins de fer, grande et petite vitesse. Oui, il faut la répartition équitable dans la production, et que la parole du Christ ne soit pas vaine. Il faut rendre à César ce qui appartient à César. N'est-il pas juste que, lorsqu'on a payé les faux frais, l'intérêt des capitaux (intérêt qui ne se devrait pas payer, puisque cette marchandise ne s'use pas), les employés, tout ce qui sert à la distribution d'un produit quelconque, que ce qu'il reste de bénéfice soit réparti à chaque consommateur au prorata de son débit.

Mes chers concitoyens, souvenons-nous que nous n'avons qu'une voie à suivre pour atteindre le bien-être : c'est dans l'économie; l'économie seule peut nous apporter la joie et, je dirai plus, seule, elle nous donnera l'instruction, l'indépendance et la force. Car, lorsque nous serons tous convaincus que la collectivité dans la consommation nous a donné un bon résultat, nous nous hâterons de nous associer pour la production. Oui, nous aurons de grands ateliers, des instruments de travail puissants. Nous devrons, par ces moyens actifs, avoir du temps à disposer que nous emploierons à notre éducation, à notre développement matériel et moral, ce qui nous permettra de concourir au progrès rapide de l'harmonie dans l'humanité!

Nous, habitants d'une petite ville de province, nous, campagnards, prouvons par notre esprit d'initiative que les grandes choses ne nous sont point inconnues; que nous ne voulons pas laisser échapper notre idéal; que nous ne voulons pas que : ni les Anglais, ni les Allemands nous devancent de trop loin, ni même les Parisiens. Prouvons que l'air de la campagne nous inspire et que la méditation ne nous est point étrangère; que la poésie est une de nos meilleures conseillères, et que lorsqu'elle nous crie : union, force, harmonie, nous écoutons sa divine éloquence.

Quelle puissance a l'homme seul dans un atelier? quels grands travaux peut-il exécuter! aucuns! il restera donc impuissant à exécuter une grande œuvre, car l'œuvre qu'il fera sera relative à la force, à la puissance employée.

Hâtons-nous donc, hâtons-nous! unissons-nous;

secouons l'égoïsme individuel qui nous ronge et nous affaiblit; accomplissons notre espérance, faisons le règne de Dieu sur la terre; faisons appel à la justice, à l'amour, et les générations futures nous béniront d'avoir préparé pour elles une moisson de bonheurs.

J'ai aussi à vous informer que la peine que je me donne à faire triompher ce mode économique de commerce n'est pas vaine. J'ai appris qu'une société était en voie de se constituer à Cosne, et j'en serais bien aise, car elle nous serait d'une grande utilité ; elle serait une association générale pour l'arrondissement et vers laquelle nous nous approvisionnerions. Réjouissons-nous si cette société se forme, car elle sera un centre, et bientôt chaque ville voisine aura sa maison qui viendra s'y approvisionner.

Il y a longtemps que nous devrions avoir commencé nos opérations commerciales, si nous avions eu à notre disposition un local propice; malgré toute notre peine à achever la maison qui nous est destinée, il nous serait impossible de nous y loger avant le courant de l'année prochaine, parce qu'il reste des travaux qui ne peuvent pas se faire en hiver.

Et, comme nous sommes impatients, nous nous sommes résolus de louer une maison et de commencer. Car, toutes ces lenteurs nous sont nuisibles pour plus d'un motif; car on fait à ce sujet mille conjectures déraisonnables.

J'ai fini, et maintenant je vais vous donner des renseignements sur ce qui concerne chaque souscripteur; car, à dater de ce jour, nous sommes régulièrement constitués.

Le gérant provisoire,

H. CHABANNE.

LETTRE ADRESSEE

A VICTOR HUGO,

A GUERNESEY, ÎLE DE LA MANCHE (ANGLETERRE).

RESTÉE SANS RÉPONSE.

Je suis tout bouleversé de penser que je dois oser vous écrire. Vous n'êtes pourtant pas l'homme inspirant la crainte, et cependant j'hésite, pauvre goutte d'eau, à tomber dans cet océan d'intelligence.

C'est un chant d'amour et un cri de détresse qui vous arrivent à la fois. Chant d'amour, parce que l'œuvre que j'entreprends est poussée par l'élan d'un cœur qui se voue à l'humanité; cri de détresse, parce que je crains d'être impuissant. Triompher est une question de vie; échouer, un long ajournement sinon la mort.

J'ai plus de cent associés, mais les plus pauvres, et ne versant que des sommes très-minimes. J'avais cru que quelques personnes de la localité et qui sont assez riches, me voyant prendre un pareil fardeau me prendraient en considération et seconderaient mes efforts. Je pensais que leurs âmes s'étaient élevées, car elles avaient combattu pour la cause du peuple. C'est le contraire qui existe, ces âmes ont baissé ; je suis bien obligé de m'adresser à celles qui montent.

Oui, ô Victor Hugo! j'ose vous demander votre concours matériel et moral; j'ose vous demander que vous souscriviez à l'association d'approvisionnement et de consommation de Pouilly-sur-Loire (Nièvre) et que vous disiez à vos amis : il y a dans ce pays un homme qui, quoique étant affaibli par des revers de toute nature, fonde telle association ; son œuvre est difficile par le temps d'égoïsme où nous vivons, mais elle est un bien.

Je demande à mes amis de lui aider ensemble.

Le minimum de la souscription est de 60 francs, qu'on peut verser chaque mois par fractions minimum de 1 franc. Le règlement est la copie textuelle de celui de l'association de Paris, rédigé par J.-P. Beluze et Ce, directeur gérant du *Crédit au travail;* il n'est pas encore imprimé, sans quoi je vous l'enverrais.

Voici donc les motifs qui font que nous sommes gênés pour commencer nos opérations commerciales. Nous n'avions aucun local propice et j'avais, moi-même, une maison en très-mauvais état dont je venais d'hériter de ma mère, je rendis tout à la collectivité, et nous résolûmes de la faire reconstruire; et, tout calcul fait, la maison emploie les capitaux souscrits, et c'est pour cela qu'il nous faut, quand même, de nouveaux souscripteurs et quelque grande influence qui intervienne en notre faveur.

Me répondrez-vous? je l'espère, et j'en serais heureux.

Je vous adresse en même temps un volume qui porte pour titre : *Evasion de l'Ile du Diable,* et que je vous avais déjà adressé; l'avez-vous reçu? le recevrez-vous de nouveau? Je sais bien que votre temps est trop précieux pour répondre à une pareille futilité; mais en le publiant j'ai cru me rendre utile à mes concitoyens.

Laissez-moi espérer que vous croyez à ma sincérité, oh! cher poëte.

Et, croyez-moi surtout un serviteur fidèle de la cause de l'humanité que vous servez avec tant d'amour, et recevez, en même temps, les salutations très-respectueuses de votre dévoué disciple.

H. CHABANNE,

Tonnelier et Gérant provisoire de l'Association cantonnale d'approprovisionnement en formation à Pouilly-sur-Loire (Nièvre).

M. J.-P. BELUZE.

Crédit au travail.

Cher Monsieur,

Avant de vous répondre je relis votre dernière lettre et j'éprouve, comme la première fois, une impression douloureuse.

Vous ne savez donc pas où me conduirait ma brûlante imagination, si ma forte raison n'avait pas su distinguer la voie du bien de la voie du mal? Vous croyez que les distractions de la vie vulgaire me suffisent pour vivre comme lui, vous vous trompez à cet égard.

Avec de pareils pressentiments à mon égard, il n'est pas étonnant que vous perdiez déjà toute confiance. Eh bien, qu'importe la confiance ou le manque de confiance que je vous inspire; je suis toujours ce que je suis. Ce n'est ni l'une ni l'autre de vos appréciations qui me feront changer de caractère; les encouragements ne m'encouragent pas plus que les découragements ne me découragent. Je vous l'ai déjà dit, je suis la foi! je sais trop que mon entreprise sera trop tôt accomplie pour que je n'aie pas déjà en tête de nouveaux projets. Mais vous ne savez donc pas ce que je fais? eh bien, je vais vous le dire et tout cela ne suffit pas pour me fatiguer.

Je me lève au jour, et avec les terrassiers j'ai en main la pelle et la pioche; jusqu'à la nuit, maintenant, je fais le mortier que je traîne aux maçons dans une brouette. Il me semble que c'est là penser à mon entreprise, et vous voulez que, durant une longue nuit, ordinairement sans sommeil, je ne pense pas à autre chose? et quand la nuit j'éveille ma femme pour lui communiquer mes pensées, ne faut-il pas que je sois la personnification de la vie sociale ou mutuelle, que je désire avec tant d'autres faire triompher? et quand j'ai la prudence de vous choisir pour conseiller, vous me blâmez, vous cherchez à m'enlever mes chères illusions, pour un peu vous seriez injuste à mon égard, comme vous l'êtes envers le journalisme; vous préférez le *Siècle* à la *Presse*, et pourtant la *Presse* vous rend de plus grands services que le *Siècle*. Ainsi, vous préféreriez un flegmatique à mon ardeur. Vous me croyez orgueilleux, je le vois par le langage de M. Blanc sur une prière que je lui adressais de vouloir bien me faire passer les journaux qui publieraient quelque article sur nos associations, et qui me dit : « Ah ! oui, parler de vous dans les journaux, » non, non! la renommée ne s'acquiert pas par la publicité, il en est trop qui seraient célèbres sans mérite. La renommée, a dit un savant, c'est une ombre, si on la cherche elle vous fuit, mais, faites bien sans vous inquiéter d'elle, elle vous suivra.

Mais non, rien ne me décourage et l'avenir, ce radieux avenir, je le contemple avec le plus délicieux sourire et la plus calme sérénité d'esprit.

Quant à mon idée de créer du travail et de construire des maisons afin de supprimer tout chômage, je la garde et la mettrai à exécution en son temps; pas maintenant, puisque tout le monde est occupé, mais l'hiver prochain je la mettrai, s'il est possible, à exécution.

Et quand vous me dites : « Quant aux travailleurs qui n'ont pas d'argent de trop qui reste inactif, ils doivent conserver celui qu'ils ont pour acheter des instruments de travail et pour exploiter leur industrie. »

Le capital de l'ouvrier c'est son temps, et quand

il ne travaille pas, il n'a pas d'argent et ne peut conséquemment pas s'acheter d'outils, ni exercer aucune industrie, puisqu'il travaille chez un patron qui le congédie aussitôt que le travail manque. Eh bien, où s'en vont-ils n'étant pas habitués à chercher du travail pour leur compte? ils s'en vont au cabaret dépenser leurs quelques économies; et si cette organisation ou société contre le chômage existait, où iraient-ils? à leur chantier.

J'en ai parlé à beaucoup de maîtres et ouvriers qui adhèrent à cette idée; il serait question de construire un vaste hôtel pour loger les ouvriers étrangers et le public en général.

J'ai parlé à trois frères carriers, qui nous laisseront prendre la pierre dans leur carrière en leur faisant une minime indemnité.

Voilà encore quelques détails ajoutés à ceux que je vous ai donnés. Ne soyez pas inquiet; la chose n'est malheureusement pas commencée, puisque je n'ai pas le temps en ce moment. Vous voyez bien qu'on ne peut pas faire plus qu'on ne peut; j'en ai un exemple frappant devant les yeux en ce moment. Voici ma plus petite fille qui est debout depuis les cinq heures et demie ce matin, il est cinq heures du soir; eh bien, elle jouait à l'instant avec un chien et la voilà à bout de forces, endormie auprès de lui.

L'homme, c'est la mer, son courage est le flux, et sa fatigue le reflux.

Voilà la nécessité de ne faire que ce qu'on peut. Je n'ai pas le temps, dis-je, en ce moment, mais aussitôt que je l'aurai, j'aime mieux entreprendre cela que de me tenir inactif. Il y a tant de lâches, laissez donc agir les courageux ; c'est la loi de compensation.

Agréez, etc.

H. CHABANNE.

Paris, le 12 juillet 1864.

Monsieur Chabanne, à Pouilly-sur-Loire.

Nous avons reçu ce matin votre intéressante lettre du 11 courant ; nous voyons avec plaisir l'ardeur avec laquelle vous travaillez à l'organisation de votre association. Bon courage, et soyez sûr que nous vous aiderons dans la mesure du possible.

Vous ferez bien d'apporter vous-même vos statuts en nous prévenant quelques jours d'avance de votre arrivée, pour que nous puissions disposer de notre temps quand vous serez ici. Tâchez de venir pour notre assemblée générale qui aura lieu le 31 juillet.

Pressé, je termine en hâte.

J.-P. BELUZE.

Paris, 26 janvier 1865.

Monsieur Chabanne,

Nous ne pouvons rien vous avancer pour la fin de ce mois, nous sommes trop occupés de notre assemblée générale du 29 courant. Le conseil a encore beaucoup de choses à régler et ne pourra s'occuper de votre demande que dans le courant de la première quinzaine de février.

Recevez, etc.

J.-P. Beluze.

Paris, le 18 juin 1866.

Monsieur Chabanne, à Pouilly,

Je me hâte de répondre à votre lettre du 16 courant; par différentes raisons, vous ne devez pas compter sur l'emprunt dont vous avez besoin et que vous demandez au Crédit au Travail, etc.

J.-P. Beluze.

CONCLUSION.

C'est celle que voici : Démolissez votre maison. Comptez sur nous dans la mesure du possible ! La maison démolie, on vous fait attendre indéfiniment, pour finir, en vous disant que, pour différents motifs, il ne faut pas compter sur l'emprunt demandé.

Maintenant, voici un autre motif : on écrit des choses infâmes émanant des membres jaloux de l'association en formation.

On demande le texte de cette lettre collective,

ainsi que le nom des signataires; mais on refuse et on allègue les motifs suivants :

Paris, 18 mai 1867.

Monsieur Chabanne, à Pouilly.

A la réception de votre lettre du 16 courant, j'ai recherché dans votre dossier la lettre collective dont vous me parlez. J'en ai bien une signée Perdrion et autres; mais, d'une part, je ne puis vous l'envoyer sans le consentement des signataires; en second lieu, son contenu ne me paraît pas de nature à vous sortir d'embarras, *bien au contraire*. Vous ferez donc bien de vous en sortir par un autre moyen.

Salutations empressées,

J.-P. Beluze.

Ainsi! qu'on juge du texte « *bien au contraire.* » Cette lettre que j'invoque comme une infâme calomnie afin de me justifier, *bien au contraire*, me plongerait plus avant dans l'abîme. Quel est donc ce contenu, quel crime ai-je donc commis? ai-je donc volé la société qui n'a encore pas versé un centime? Si fait, quelques actionnaires de Saint-Amand, etc., m'ont avancé 60 francs environ, je suis encore redevable à cette heure. J'ai déjà restitué à quelques-uns leurs avances de fonds.

Je n'ai rien touché, dis-je, et il pèse sur moi une accusation si énorme, qu'en la rendant publique, ma situation serait plus compromise. Eh bien! j'en demande la publicité; je l'ai demandée au Crédit au Travail; je l'ai redemandée de nouveau : qu'en résultera-t-il?

Oui, je l'ai réclamée en ces termes :

Monsieur J.-P. Beluze, à Paris,

Comment! une lâche conspiration cause ma ruine! on écrit une chose infernale, une lettre infâme, et je ne connaîtrais ni le texte de cette calomnie, ni les signataires!

Où donc est le Dieu qui justifie et qui punit des lâches?

Alors, dites-moi, dans une lettre, que si vous avez perdu votre confiance en moi, c'est que vous avez reçu une lettre de Pouilly, conçue en tels termes et signée de telles personnes.

Envoyez-moi ce texte et ces noms! Peu vous importe si le contenu ne vous paraît pas de nature à me justifier, moi je le trouve suffisant.

Envoyez-la moi, je vous en prie.

Ou bien, envoyez par le *Courrier Français* un avis à MM. Perdrion, Savignac et autres, de vous autoriser à publier cette lettre, de me la livrer; ou bien leur refus, afin de le publier.

J'en paierai la publicité.

Agréez, etc.

H. Chabanne.

J'attends enfin la réponse.

UN HOMME COURAGEUX.

Ainsi donc, nous vous engageons à marcher hardiment; vous aurez toujours en nous des hommes prêts à combattre les ennemis qui chercheraient à vous nuire.

Sommez les retardataires, voilà ce que nous exigeons!

Ne point nous laisser abattre par les premiers obstacles qui s'élèvent sur notre route. Marchons donc en avant; mettez autant que possible vos actes à jour, agissez de concert avec votre commission de contrôle. Et ne craignez rien! nous sommes au plus mauvais moment; dans quelques mois l'affaire ira seule; mais pour sortir de là, sommez, sommez tous ceux qui n'ont pas rempli leur engagement.

Salut amical,

GILLET, sabotier.

AVANT-PROPOS

SUR LE COMPAGNONNAGE.

Que celui qui n'est pas sorti jeune de son pays n'aille pas chercher à se reconnaître dans ces impressions de voyage; car elles ne peuvent être senties que par une âme neuve. Celui qui partira à demi blasé, fatigué de certains excès, ne la sentira nullement. Il est tant d'hommes qui s'usent sur place, et ceux-là sont ordinairement peu précoces; ou bien leurs parents leur transmettent de vieilles habitudes souvent fatales à une nouvelle génération; l'excès de tendresse les amollit : on leur enseigne l'économie avec excès, ce qui dégénère en paresse ou bien en égoïsme.

L'enfant, voyant ses parents ainsi acharnés après la fortune, se dit :

Il n'est pas nécessaire que je me tue ; ou bien il accepte en entier cette manière de faire ou d'être. Pas de terme moyen pour certaines natures; celui qui conserve un milieu en certains cas est rarement intelligent et presque toujours l'esclave des circonstances. Il hurle avec les loups, c'est-à-dire qu'il est bon avec les bons, méchant avec les méchants, croyant avec les croyants, athée avec les athées, honnête avec les honnêtes gens et canaille avec la canaille. C'est la position la plus fausse pour l'honnête homme.

Il est donc fatal de vivre avec ses parents lorsque l'on a atteint l'âge viril.

Après cet âge, rester sous la direction des père et mère, c'est s'exposer à perdre l'esprit d'initiative, à devenir le dernier des esclaves.

L'enfant qui cherche à s'appartenir au début de la vie est un enfant qui sera quelque chose, qui deviendra homme. Sa physionomie reflètera son être libre; il affrontera mille dangers, détruira tous les obstacles qui voudraient lui empêcher d'être tel qu'il est. Il deviendra grand par sa dignité qui s'imposera contre toutes les petites mesquineries, tous les petits scrupules de la routine. Voilà l'enfant qui sera un jour un homme, un père sérieux, un citoyen utile à tous.

Tandis que celui qui se soumettra mollement au joug du père et de la mère, vous le verrez avec le type de l'esclave, préférant être esclave, par prudence, que libre avec fierté, et défiant toute action qui tendrait à l'opprimer.

Voilà pourquoi la femme ne prend pas l'initiative dans les grandes choses de la vie. Changeante, dans les lois de l'humanité, c'est qu'elle est sous le joug de la mère trop longtemps. Après l'âge de puberté, elle n'a aucun esprit de liberté. Si quelques-unes se sont distinguées en maintes circonstances, elles sortaient de la campagne où les mères n'ont ordinairement rien de fâcheux à craindre pour leur enfant, et les laissent grandir dans toute la plénitude de leur liberté et de leur amour ; où les sentiments se développent sans contrainte et sans gêne.

C'est donc un bien pour la jeunesse de s'esquiver aussi jeune que possible du joug de ses parents. N'est-ce pas honteux de se voir, à vingt ans et plus, gouverné par une femme, comme un enfant à la mamelle ? Car, lorsque vous avez tel âge, votre mère n'est plus pour vous une mère, c'est pour vous une femme qui, d'après nos mœurs, ne peut devenir votre épouse. C'est honteux de subir cette influence, à titre d'enfant, quand les animaux ne la subissent pas, lorsque seuls ils peuvent chercher leur vie.

Vous m'objecterez que les conseils du père et de la mère sont toujours bons, c'est incontestable; mais les conseils de tous les gens expérimentés sont bons, et tous ont intérêt d'en donner à tous pour la sécurité commune.

COMPAGNONNAGE

IMPRESSIONS DE VOYAGE

—

LA NUIT.

Nuit lugubre, horrible, effroyable pour tous les hommes, que cette nuit des temps passés ! Ciel voilé, nuages cachant les soleils de la civilisation. Personne n'y voyait! Si quelques-uns se trouvaient placés pour recevoir quelques lueurs qui pénétraient par des fissures de nuages; s'ils venaient raconter aux autres hommes ce que leurs yeux avaient vu de merveilleux, le bien qu'on pourrait éprouver de ces lueurs de soleils civilisateurs, on s'emparait d'eux et l'on en faisait des martyrs : prison, corde et bûcher, rien n'était épargné. Et puis la nuit continuait.

Cette masse d'êtres sans poésie et sans intelligence se formaient en légions, comme pour se préparer à une grande œuvre, fouillaient le sol comme pour en extraire tout ce qu'il y a de trésors minéraux enfermés dans son sein. Leur activité dans le travail laissait entrevoir presque du génie; leur esprit progressif faisait chaque jour une nouvelle découverte; et, de les voir forger le fer avec tant de courage que leur corps en était tout mouillé, on pouvait les croire guidés par un immense amour les uns pour les autres. Oh! misère, c'était tout le contraire. C'était la haine, et ces fers forgés, aiguisés avec tant de soin qu'on pouvait croire être des instruments de production, de bien-être, n'étaient autre chose que des armes, instruments de destruction et de misère. Plutôt que de porter la pointe vers la terre, creuser des sillons pour chercher la vie, ils la portaient horizontalement. Ces légions se perçaient le corps, et quand elles se heurtaient, c'étaient d'horribles déchirements, un bruit à jeter la frayeur partout, des cris de détresse épouvantables : tout ce qui respirait dans leur atmosphère tressaillait d'horreur; des ruisseaux de sang se joignaient aux fleuves, les cadavres comblaient les précipices, et de toutes ces misères, de tous ces déchirements, la nature entière en gémissait. Le deuil était dans toutes les familles. Ceux qui avaient survécu à ces égarements avaient partout sur le corps des plaies affreuses; et la nuit de ces haines (sans motif autre que l'égoïsme de quelques-uns et le fanatisme des autres) était tellement profonde qu'on ne pouvait appliquer aucun remède, et, pour réussir à cautériser, on enveloppait tout le corps, de sorte que, pour guérir un petit mal, tout le système s'en trouvait affecté.

Et pour assister à ces scènes horribles, ces malheureux avaient des vêtements de toutes couleurs (vous avez vu en carnaval ces déguisements? c'était ainsi). Ils s'appliquaient à marcher le même pas, ce qui faisait plier la terre; plus d'un pont se brisa sous cette masse d'êtres humains qui se trouvèrent engloutis dans les flots.

Des maîtres enseignaient à manier ces instruments meurtriers (qui ne servent aujourd'hui qu'aux bêtes féroces et au gibier), comme un ouvrier enseigne un apprenti à manier ses outils : on appelait cela faire l'exercice !

De temps en temps c'était seulement de la poudre qu'on mettait dans les armes et le lendemain on y ajoutait des balles, et ces masses d'hommes alignés, bien habillés, comme pour un jour de fête, avaient brossé jusqu'à leurs boutons, comme pour briller ainsi que des soleils ou comme pour fêter quelque grand génie. Non, non, ce n'était point le but. On apercevait ces masses groupées à distance et séparées en deux camps. Un signal suffisait pour les mettre en mouvement, et toute la masse d'agir et commencer le massacre : bruit épouvantable ; l'atmosphère se chargeait de fumée, comme on dirait un orage ; mais c'était bien pis, car la moitié de ces hommes restaient couchés morts sur le terrain ; les plus forts des survivants poursuivaient les plus faibles jusque dans l'enceinte de leurs villes, où ils s'enfermaient, se fortifiaient et se défendaient ; tandis que les assaillants s'attaquaient aux murailles avec fureur, jusqu'à ce qu'il n'y eût plus pierre sur pierre ; des centaines de mille tombaient avant d'avoir fait une brèche ! Et, parfois, l'on voyait dans l'enceinte de ces murs, à la lueur des incendies allumés par les projectiles, des choses passer, maigres, ressemblant à des êtres humains ; tout cela ramassait, tuait toutes sortes d'animaux qui nous répugnent, et les man geaient. Et puis, quelque temps après, incendie général, flamme énorme à la lueur de laquelle fuyaient, mourant d'épouvante, de faiblesse et de faim, ces mêmes êtres qui étaient bien en vérité des hommes, des femmes, des enfants et des vieillards. Oui, qui peut y croire? O délire! cette boucherie était tout humaine; tout cela est vrai, on l'a vu. Qui peut y croire? O délire! folie! aveuglement!

Ces gens-là avaient un sobriquet : on les nommait soldats.

D'autres hommes s'étaient aussi organisés en société : leur but était le travail, de cultiver les arts, l'architecture, et, en vérité, ils faisaient merveille. De beaux monuments s'étaient construits sous leur direction, et, par leurs mains, dans tous les pays, la civilisation avait déjà fait germer la solidarité; et, après avoir vu s'écouler des jours de lumière, de paix et de prospérité, ils arrivèrent dans la nuit, comme les premiers, et des chocs terribles survinrent; ils voulurent marcher dans ces ténèbres; les bâtons qu'ils portaient, pour soulager leurs jambes dans leurs longs et pénibles voyages, leur servaient à s'entretuer; c'était quelquefois même insuffisant, puisqu'ils se servaient d'instruments plus meurtriers encore. S'ils se rencontraient sur le chemin, plutôt que de se tendre la main, se dire ce qu'ils savaient de tel ou tel pays, d'où ils venaient, où ils allaient, se renseigner sur les ressources qu'il y avait à puiser, s'éclairer afin de se préserver mutuellement des accidents et des revers de toute nature accablant l'homme qui voyage, ils se disaient brutalement de passer au large, comme s'ils avaient tous eu la peste. Oh! comme leur orgueil et leur ignorance les aveuglaient ; ils se prenaient, eux frères, pour de cruels ennemis, pour des bêtes féroces, et plus d'un resta mort sur le chemin.

Tous suivaient le même exemple : on eût dit l'épanouissement du mal dans la nature. D'autres, humains, du matin au soir, étaient penchés vers la terre pour en extraire le suc qui servait à la nourriture du reste du genre humain. Eh bien, on les voyait, dans leurs jours de délassement, plutôt que de se livrer à l'étude de l'agriculture, de se communiquer la manière de simplifier le travail, de s'enivrer de joies, de chants harmonieux, unir leurs forces pour accroître leur bien-être, on les vit plus d'une fois, dans des querelles sans motifs, se poursuivre à coups de pierres, comme on fait d'un hydrophobe.

Mais ne vous arrêterez-vous pas? tas de barbares! cria une forte voix, et c'était celle du progrès dans l'humanité. On hésita longtemps avant de lâcher prise au massacre. Oui, c'était la colossale déesse de l'humanité, la paix! tenant en main l'aube civilisatrice, l'aube amour, aujourd'hui soleil! aujourd'hui lumière!!!

Au milieu de ce spectacle navrant, quand tous purent se voir, et que le frère reconnut son frère, le père son enfant et l'enfant son père, famille unique d'êtres humains, il passa dans tous ces êtres un frémissement conciliateur, et tout fut pardonné; chacun maudit le voile qui lui cachait l'harmonie, cette immense fusion de solidarité.

Cependant il fallait un jugement, et tous ces combattants furent appelés devant le tribunal de la conscience publique, et le dernier absous fut le compagnonnage; on le blâma très-longtemps, et encore aujourd'hui on dira généralement qu'il faut des soldats, mais que le compagnonnage est usé. Oh! vulgaire, tu n'apprendras pas à mieux distinguer le vrai du faux, le bon du mauvais! C'est le contraire qui existe; ce que tu appelles la nuit, c'est le jour. Car le compagnonnage est une phalange indispensable; elle est productive; son principe était tout humain, elle avait deux buts : la bienfaisance et la perfection des arts industriels, tandis que le soldat n'avait d'autre fonction que de détruire en un jour les monuments construits par des siècles, phases de l'histoire et de la civilisation!

O conscience publique, tribunal suprême, hâte-toi d'absoudre; munis-toi de tolérance, si tu veux qu'on s'en serve à ton égard. Tu ne vois donc pas que le compagnonnage ne forme plus qu'une famille, un seul atelier? que bientôt l'agriculteur n'aura plus qu'un instrument commun : charrue à vapeur déjà usitée dans plus de trois cents fermes de la Grande-Bretagne. Transformons donc les armes en outils, remplaçant ainsi la destruction par la production! la paix par la guerre! l'affreuse nuit par la plus douce lumière!!! Il n'est donc pas loin le jour où la fraternité humaine se proclamera sur toute la terre!

L'AUBE

AU DÉPART D'UN JEUNE HOMME POUR FAIRE SON TOUR DE FRANCE.

C'était l'aube du printemps. La sève montait dans l'arbre, l'oiseau cherchait sa femelle et se perchait joyeux, comme en contemplation devant toutes les grandeurs majestueuses de l'infini, devant la loi qui régit l'univers. C'était le réveil de l'amour dans toute la nature, et le premier printemps de la vie du jeune homme dont nous allons nous entretenir. Son cœur était une fleur, qui venait de s'épanouir, et tout son être était surpris des parfums légers qui s'en dégageaient; il s'enivrait de lui-même sans se rendre compte d'où lui venaient toutes ces joies, toutes ces espérances; il courait dans la vie comme dans un jardin aux mille fleurs; choisissant, satisfaisant tous ses désirs, s'arrêtant et se nourrissant à la coupe de tous les plaisirs, ainsi qu'une abeille au calice de toutes les fleurs.

Il n'avait pas quinze ans, et depuis trois ans déjà il travaillait; il savait enfin son métier et s'en acquittait à merveille.

A quinze ans, être si faible et déjà savoir travailler, c'est étonnant, et c'est cependant vrai. C'est bien trop tôt en vérité. A cet âge, l'enfant devrait encore être sur les bancs de la classe, à s'instruire, afin de lui rendre plus facile de devenir artiste dans son métier; car savoir lire et écrire, c'est bien peu, ce n'est pas assez! ou plutôt non! la chose est bien ainsi. Seulement, le jeune homme, l'apprenti, l'ouvrier devrait, tout en faisant son métier, avoir la faculté de continuer ses études; comme en faisant ses études il eût dû avoir le loisir de commencer son métier, c'est-à-dire, que tant que nous n'aurons pas l'enseignement professionnel, rien ne sera suffisant; il n'y aura dans l'homme qu'une spécialité: travail ou science, corps ou âme; et comme l'un ne peut pas exister sans l'autre, sans être en parfait désaccord, ils doivent donc être unis afin d'être théorie et pratique.

Oui, la classe doit être unie à l'atelier ou l'atelier à la classe; que le travail devienne une récréation et l'étude un délassement; que toutes ces forces excentriques de la jeunesse soient donc employées plutôt à produire qu'à se harceler, à sauter les uns sur les autres. C'est au début de la vie qu'on doit faire ou commencer son apprentissage; le travail est la voie que tous doivent prendre sans en excepter un seul.

Mais hélas! comme nous vivons! oh! cher jeune homme, le temps te manque pour acquérir ensuite ce que tu pouvais apprendre d'abord et c'est là ton malheur, mais tu l'ignores.

Oh! cher jeune homme! apprends ceci : que le plus grand malheur, c'est de n'avoir pas de loisirs et d'être absorbé par un trop pénible travail; et que le plus grand bonheur c'est la contemplation, la méditation, l'amour, la liberté, l'espérance! car tous ces besoins en votre être feront de vous un homme, tandis que leur absence en feront un esclave.

Jeune ami, ne fais rien au hasard! cherche toujours le résultat que peut amener l'action que tu vas commettre; car le jeu du hasard est trop dangereux; tu es le Dieu de ton action; dirige-la avec autant de sagesse que celui qui conduit et donne la lumière aux soleils.

C'est le plus grand malheur, dis-je, d'être absorbé par un trop pénible travail; c'est une si grande vérité que les hommes semblent l'avoir tous parfaitement compris, puisqu'ils emploient les chevaux, les bœufs, la vapeur appliquée comme moteur à toutes sortes de mécaniques, pour soulever et traîner tous les plus lourds fardeaux. Pourquoi? si ce n'est pour avoir plus de bien-être. Comprenons donc! Unissons-nous! et créons pour tous des instruments de travail formidables; alors seulement que nous serons unis dans le travail, notre bonheur commencera. Mais il n'y a jusqu'ici que trop peu d'initiés à cette nouvelle religion.

Ainsi je parlais, moi compagnon, au jeune voyageur qui venait de s'éveiller; car ses amis venaient de lui faire la conduite; on l'avait engagé, excité à trinquer avec tous, et une fois sur le chemin, sa tête s'était apesantie et il sommeilla quelques instants sur le bord de la route.

Il venait d'être fêté, des chants d'adieux avaient

jeté le trouble dans son esprit, on parlait de départ, d'ennui, de serments et de retour; il éprouvait tout à la fois : le bien de l'espérance et déjà le mal de l'absence. Ses yeux jusqu'ici avaient résisté aux larmes de sa mère; n'ayant pas encore connu la douleur, la sensibilité des fibres de son âme n'avait point encore été touchée, ses yeux se mouillèrent pour la première fois : première atteinte de douleur. Il avait aussi dit adieu à une jeune fille qu'il croyait aimer à la voir seulement; il avait bien vu quelques pleurs passer dans ses yeux, comme un sourire passe sur les lèvres, mais il ne s'était pas demandé ce que cela voulait dire; son adieu avait été comme un adieu ordinaire, mais prends garde!

Il partait et ne songeait point à la séparation; il croyait que joies, affections, tout l'allait suivre; il s'était même réjoui de son départ. On avait dit de si belles choses sur les voyages. Attends encore un peu, et tes larmes vont couler, ton cœur va briser avec de douces habitudes; l'absence va t'apprendre la douleur; car il te manquera bien des paroles d'affection; alors pour toi va commencer la vie! et, comme un coup de foudre, son être fut transformé; il devint homme.

Il entendait, dans le combat de sa douleur méditative, une voix qui l'interrogeait et lui disait : pauvre jeune homme! que fais-tu ainsi penché vers la terre et la tête dans tes deux mains? Ce que je fais, répondit l'enfant, j'aime! et je souffre! je pleure, je soupire; je regrette des parents bien-aimés, ma mère par-dessus tout, qui me dévoua sa vie. Elle me disait cependant que je ne l'abandonnerais jamais. Mais le destin, que sais-je, moi? veut que je voyage, afin, dit-on, de m'instruire dans mon métier ; m'instruire! et pourquoi cette perfection? oh! que j'aimerais bien mieux ne pas briser avec mes douces affections ; nous étions si heureux. Ce ciel bleu avec son soleil est moins pur, moins brillant que notre bonheur était parfait ; puis, jetant les yeux au ciel, il disait cependant : regardez cette sérénité ! ô douce harmonie! doux lien! pourquoi vous briser? Voilà pourquoi je pleure, en m'éloignant, car à chaque pas je sens quelque chose qui se brise et m'attriste. Je ne dois plus regarder derrière moi ; mes amis en me quittant, en me donnant le dernier embrassement, me l'ont défendu.

Pauvre village, ne dois-je donc pas te revoir de sitôt? oh! s'ils m'aiment, autant que moi, comme vos sentiers déserts vont s'attrister, ô campagne, ô bois si charmants, de ne plus entendre mes chants se mêler aux délicieux concerts de tes oiseaux! comme je vais gémir de ne plus vous fouler aux pieds! pauvre mère, frères, amis, vous avez tous pleuré, vous m'aimiez donc bien? oh oui ! et je sens maintenant qu'il est doux d'être aimé. Bonheur unique, sans pareil peut-être ! Et prononçant ces paroles il pleurait amèrement.

Tu pleures, enfant? pleure donc puisque ces larmes te font du bien! mais aussi console-toi, le temps qui t'éloigne te ramènera. Espère ! l'espérance est l'astre de vie, réchauffes en ton âme.

Il était assis sous un pommier en fleurs, un oiseau

11.

chantait son amour ; il écoutait avec ravissement ces douces mélodies qui le calmèrent un peu.

Il réfléchit encore un instant, et puis il repartit. En montant la montagne il pensait que du sommet il pouvait encore apercevoir le village, cher à sa tendre enfance ; mais, se retourner, ses amis le verraient peut-être, quelle honte ! s'il était vu après avoir promis de ne pas le faire ? quel engagement a-t-il fait ? mais il tient parole.

Il marche triste, plus triste encore ; à chaque pas qu'il fait, les larmes sont tombées goutte à goutte et calmées ; le courage le ranime, il boit un coup à sa gourde et, pendant une sorte d'engourdissement moral, il chante sa chanson favorite.

LES VAINS DÉSIRS.

Musique d'Auguste Grand.

J'ai vu les lilas refleurir :
La violette et la pensée,
Sur leur sein, pour les rafraîchir,
La nuit, se posait la rosée.
Que ne suis-je fleur sous le ciel,
Le matin me verrait éclore,
Aussi joyeuse que l'aurore, } *bis.*
Dans mon parfum plus doux que miel. }

—

L'oiseau fait son nid au printemps,
Il n'erre point seul dans la vie ;

Il enivre Dieu de ses chants
Et l'espérance en est ravie.
Que ne suis-je petit oiseau!
Je chanterais les fleurs nouvelles,
Heureux je laverais mes ailes,
Dans le plus limpide ruisseau. } *bis.*

—

Un peuple, un jour dans sa douleur,
Cherchait sa liberté surprise,
Comme après un jour de chaleur,
On cherche à respirer la brise.
Que ne suis-je la Liberté!
Dans ma justice et ma colère!
Avec les tyrans de la terre
Je chasserais l'iniquité. } *bis.*

—

Le soleil brille avec ardeur,
C'est son bonheur, à lui, lumière.
Il répand partout sa chaleur,
C'est pour nous un Dieu tutélaire.
Que ne suis-je ici-bas un Dieu!
Je voudrais souffler sur le monde
Une félicité féconde,
A la haine un dernier adieu! } *bis.*

La chanson qu'il vient de finir le fait rêver sérieusement; pour la première fois il l'a chantée avec ardeur, il l'a toute goûtée; aucun détail ne lui a échappé. Il pense! mais à quoi pense-t-il? il est troublé, il soupire, et prononce haut un nom de femme, mystère que la première douleur n'avait pas révélé; un nom de femme! mais il ne songe point à l'amour : peut-être il y a des natures précoces. S'il ne songe point à l'amour, pourquoi tant de pleurs et tant de soupirs? Toujours pour sa mère, ses frères et ses amis? non, non! Il marche cependant avec ardeur; la route passe rapidement sous ses pas, mais il s'arrête par moments et la douleur lui fait braver les scrupules auxquels il se soumettait quelques instants auparavant, car il se retourne à toute minute pour voir combien vite il s'éloigne de la maison paternelle.

Ton cœur s'agite, tu souffres, le combat commence; dès cet instant tu songes à la vie. Ton voyage est nécessaire, vois-tu, il t'enseigne subitement ce qui ne se serait éveillé que bien tard en toi; tâche donc d'en profiter; je sais bien que le moment n'est pas propice pour te moraliser; ta souffrance t'en enseigne plus que je ne t'en pourrais dire; car à cette heure il se développe en toi bien des sentiments inconnus jusqu'alors.

Tu as cependant tout quitté avec assez de joie; c'est que tu ignorais tout. On te l'avait conté, mais tu n'y croyais pas; il est donc vrai que, seule, l'expérience apprend toutes ces choses.

Ton mal augmente à mesure que tu avances ou que tu t'éloignes, et à chaque pas il tombe une goutte de sang de ton cœur qui marque ta route; tes pleurs sont abondants, et pour cette cause console-toi, car cette douleur humide est guérissable.

Tu te désoles, mais console-toi, te dis-je. Tu t'arrêtes, tu es indécis si tu dois continuer ta route ou retourner sur tes pas; le combat est donc bien violent, ta souffrance bien forte, et le lien qui se brise bien doux! Mais tes amis t'ont dit : Courage! reviens bon ouvrier, mais aussi compagnon; et quelle honte de revenir sans ce titre! quelle gloire de revenir avec!

Cette parole et cette pensée te guérissent de la moitié de ton mal; elles te fortifient, car en revenant bon ouvrier tu auras l'estime de tout le monde, un renom et de la gloire! tu pourras mériter quelque hommage de celle dont l'amour vient d'éclore dans ton cœur, c'est-à-dire assez fort pour gagner le pain du ménage; car ne le cache pas, tu as déjà songé à lui vouer ta vie.

On t'a parlé de compagnonnage et cette pensée commence aussi à te troubler; tu frémis d'épouvante en pensant aux récits terribles, sanglants que tu as entendus conter. Console-toi, ce brutal compagnonnage a disparu : Perdiguier a semé la paix, et nous sommes à la moisson.

Une autre pensée t'inquiète, sans te troubler cependant, et c'est encore le compagnonnage; mais ce n'est plus la crainte qui t'environne, c'est la curiosité! Tu demandes ce que c'est que le compagnonnage? Voilà pour toi le mystère, et c'est ce mystère qui déjà te console de ta douleur nouvelle. Que de pensées pour le présent, que d'espérances pour l'avenir! Comme tout cela t'encourage et te fortifie; comme ton être se transforme subitement. Il y un instant, tu gémissais et te désolais; maintenant te voilà déjà plus fort, parce que l'idée du travail, de la gloire vient de s'arrêter en toi. La théorie t'avait dit tout cela, mais comme la pratique t'en dit bien plus! C'est donc un soleil nouveau qui t'éclaire, c'est donc une vie nouvelle qui commence; tout le grand mystère de la vie va se développer devant toi. Pour ne te pas blaser, n'abuse de rien, sois prudent; apprends vite les grandes choses, pour que des riens ne viennent te troubler. Mais, hélas! il est un malheur, c'est qu'on ne sait les causes qu'après en avoir senti les effets. Qu'importe! que cela ne t'effraie pas!

Pendant que mille pensées parcouraient son esprit, il marchait avec ardeur et ne s'aperçut que bien tard de la fatigue; il posa son paquet sur le bord de la route, se coucha sur l'herbe pour se reposer et s'endormit. Doux sommeil, mais quels rêves! où est-il ton cœur? où est-elle ton âme? Car le sommeil n'est pas tranquille à ton âge; l'esprit est éveillé la nuit et le jour, rien ne vous arrête; c'est alors que tu vas apprendre à te connaître, que tu vas te révéler à toi-même.

Après quelques heures de repos, il s'éveilla tout à coup, se releva, et jeta les yeux autour de lui; il croyait être où son rêve l'avait porté : affreuse déception! Oh! dit-il, qu'il est cruel de voyager! qui donc me caressera, me fêtera, m'aimera? me voilà seul maintenant et cette solitude m'est déjà un fardeau; on me disait que c'était si doux les voyages! Il ne savait pas que la patrie c'est l'habitude.

Le mal est fait, se disait-il, il faut que je m'empresse de me perfectionner dans mon métier et de rentrer au pays.

Telles étaient déjà ses pensées; il songeait au retour.

Mais d'autres inquiétudes lui vinrent tout à coup. Allait-il de suite trouver de l'ouvrage? Voudra-t-on l'embaucher? il est si jeune, il a si peu d'apparence, sa faiblesse inspire peu de confiance. Pourra-t-il bien s'éveiller seul pour arriver à l'atelier, car chez lui, sa mère l'éveillait. Une série d'inquiétudes du même genre venait l'accabler.

Il compte sa bourse : 35 francs. Combien de temps cette somme va-t-elle durer? N'ayant jamais pris l'initiative en rien, il s'effrayait de la plus petite chose. Qui blanchira son linge? Si, seulement, rien ne s'égare ni se perd (car on l'a prévenu, avant de partir, et fait le danger plus grand qu'il n'est); s'il peut trouver une auberge, pour manger, où il sera bien sûr de ne pas être volé; mais il gardera sa bourse dans sa ceinture et couchera avec, pour plus de sécurité. Voilà une consolation. Et puis, pensait-il, j'irai chez une mère de compagnons; là je trouverai de suite des amis qui me donneront la marche à suivre, ils m'instruiront. Oui, se disait-il, le compagnonnage est un bon soutien moral pour le jeune homme qui voyage.

Et chaque moment qui fuyait le rendait un peu plus homme; il se trouvait moins embarrassé à mesure qu'il réfléchissait; c'est que la réflexion fait découvrir bien des secrets.

Cependant, n'allez pas le croire guéri parce qu'il a déjà trouvé de grands remèdes à ses maux. Oh! non; car tandis que son esprit se repaissait, et qu'il cherchait à calmer toutes ses inquiétudes en cherchant une solution à tous ces embarras que lui causait le manque d'initiative pour toutes ces petites choses de la vie, son cœur s'emplissait d'affections, se gonflait de douleur; la moitié de la journée avait suffi pour que cette liqueur amère en coulât à pleins bords.

Croyez-vous qu'il s'occupait de ce qui se passait autour de lui? Non pas; il n'avait qu'une pensée : le passé encore présent; aussi tout à coup oublia-t-il ses inquiétudes et se prit à pleurer.

Malgré le calme qu'il conservait, son cœur se gonflait comme une nuée qui annonce un gros temps; un combat terrible va s'engager, le vent de la tempête va souffler dans un instant; oh! troubles affreux! quel bruit, quel désordre d'esprit! quels soupirs! quelles larmes! Ce ne sont plus de douces larmes; non, elles sont poussées par la tempête du cœur qui se révolte, qui maudit l'absence; il retourne sur ses pas! Mais il réfléchit, malgré le tourment qui le dévore, que ses amis le railleront. Il reprend sa route, et, par degrés, il se console; la sérénité de son esprit revient. La fatigue le mène à la ville où il passe la nuit avec assez de calme, sans bien reposer cependant; car le changement de chambre et de lit l'indispose un peu.

Cependant l'on va, tel qu'on l'espérait, chez une mère de compagnons; on est embauché, et l'atelier vous rend le bonheur, car on est familier avec lui; seulement quelques jours et tout ira bien.

Le soir arrive; ah! tout le monde est à dîner. On regarde le nouveau venu, on l'interroge; il répond d'abord avec timidité, et, le dîner fini, on chante une chanson. Dans ce milieu de joies on commence déjà à oublier les chagrins de la veille; et, de jour en jour, la plaie, qui paraissait presque inguérissable, se cautérise fortement; enfin, après la tempête, le calme est rétabli. Et puis, chaque soir, école de dessin, journaux, littérature, instruction.

On grandit, on mûrit en s'ennuyant un peu de l'absence. Cependant, surtout lorsqu'on recevait une correspondance, soit de sa mère, soit de son ami, plus encore, je dirai de son amie, tant il est vrai que la douleur est la sœur la plus douce de l'amour, on dirait qu'il y a nécessité à secouer l'oubli qui s'empare de vous. Car qu'est-ce qu'une correspondance? Ce n'est rien autre chose que de troubler la distraction qui vous avait fait oublier vos objets précieux; et cette distraction se renouvelle souvent, triple nécessité de la douleur. Pendant que le temps l'affaiblit, le temps renoue d'autres liens; et, aussitôt que tu vas quitter les lieux des autres personnes que tu affectionnes, de nouveau tu vas sentir ta douleur, moins forte que la première, cependant; mais, à si peu de larmes près, que c'est presque la même chose. Jugez donc du plaisir des voyages! qu'on les vante tant! car, tandis que vos pieds foulent un autre sol, votre âme ou votre pensée est encore dans les lieux et avec les personnes que l'on vient de quitter : c'est une sorte de séparation entre l'âme et le corps. Et c'est difficilement que l'union se reconstitue entre ces deux êtres séparés sans cesse et toujours inséparables; cependant il y a une compensation relative, car vous avez des sens qui se trouvent aussi satisfaits. Vous trouvez partout des nuances nouvelles, soit dans la beauté des lieux, de leurs formes, soit dans la nuance de leurs fleurs, de leurs parfums, de leurs produits et de leur saveur nouvelle et étrangère.

Il y a aussi des hommes nouveaux qui tiennent un langage qui vous est plus ou moins sympathique; on chante des chansons toujours nouvelles qui touchent plus ou moins votre sensibilité, vos affections tendres; et c'est dans ces précieux moments que le cœur se dilate, se gonfle et s'épanouit comme une fleur à l'apparition du jour, à la chaleur du soleil. Il y a bien des douleurs, bien des revers, soit chômage, soit séparation; mais il y a aussi bien des joies et bien des espérances. On devient plus fort ouvrier, on est fêté, admiré; un peu d'orgueil vous donne presque un titre de gloire, vous stimule, par conséquent; on apprenait hier, on enseigne aujourd'hui; on était petit par l'intelligence, on a pris le niveau, et puis l'on domine, et puis l'on contemple, et tout vous admire parce que vous êtes devenu grand.

Que c'est merveilleux de s'élever! Comme celui que la nature favorise embrasse de vastes horizons! comme son imagination s'étend, se répand partout!

que de grandes choses il aperçoit! comme tout varie devant ses yeux ! comme tout l'inspire, le berce, l'endort, pour ainsi dire, pour le plonger, sous l'impression de cette molle et suave contemplation, dans les rêves les plus éblouissants! Quel idéal ! au réveil, quels doux transports! Comme les errements de son esprit s'arrêtent sur cette resplendissante lumière de la civilisation!

Avec quel dégoût l'on entend prononcer les mots de guerre, de batailles, de meurtres, de discordes! Quels doux tressaillements quand on entend prononcer et qu'on prononce soi-même les mots de paix, d'amour, de fécondation, d'harmonie; comme le lien qui lie cette gerbe universelle de toute existence, de toutes choses vous paraît solide, vous paraît puissant! comme la justice vous sourit agréablement! comme la liberté vous paraît tolérante, bienfaisante, civilisatrice! C'est comme un soleil qui vous échauffe, vous éclaire et vous éblouit en même temps. Oh! oui, elle vous donne un certain enthousiasme qui n'est autre chose qu'un éblouissement! Alors, oh! mon charmant jeune homme! ta douleur a presque disparu devant toutes ces sublimes chastetés de la nature; vous trouvez, dans l'objet le plus petit, presque un objet d'amour, une affection tendre, qui vous devient chère; une forme, une nuance, un chant, tout vous devient un objet précieux, par rapport à l'idée suprême qu'il vous rappelle. Cette immense paternité! cette éternelle justice qui a fait le petit l'égal du grand; car tout est solidaire. Si l'infiniment petit fait moins que l'infiniment gros, il prend moins; il doit conséquemment moins : tout est relatif, tout concorde : vitesse, grosseur, pesanteur, nuance, travail, absorption, lumière, nuit, tout se fait contre-poids, tout se soutient, tout s'aide, tout, en un mot, est en parfaite harmonie. Si tel ouvrier produit beaucoup, c'est qu'il y a nécessité chez lui de consommer beaucoup. Si tel autre est phlegmatique, qu'il produise peu, il a ordinairement peu de besoins : tout est relatif. Il y a, en dehors de cela, la circonstance, l'exception qu'a créée l'habitude; mais, généralement, tout se lie et se trouve en contre-poids direct. Aveugle qui ne le voit pas. Eh bien, mon ami, au début de ta vie, de tes voyages, tu t'effrayais, tu étais indécis comme l'enfant qui veut abandonner sa mère pour faire ses premiers pas; maintenant, tes premiers voyages sont faits, te voilà presque rassuré : c'est la sérénité, c'est la paix de ton cœur qui se rétablit, c'est la fusion de ton être à toute chose qui s'opère.

Seulement cette fusion dure toute la vie, vu qu'on n'apprend jamais tout; qu'on ne sait jamais tout. C'est donc une bien douce satisfaction de connaître, puisque, malgré que c'est demain que tu descends dans la tombe pour faire place à d'autres, tu demandes encore le nom de l'étoile qui brille à l'horizon.

UN DANGER.

—

Le jeune homme vient de prendre son dîner ou repas du soir.

Chez lui il avait un jardin qu'il avait parcouru depuis son enfance pour en ravager les fruits à la saison, et ceci lui manque. Cependant, ni les arbres ni les fruits ne sont rares ; en acheter serait facile, mais pour acheter des fruits, il en faut l'habitude et il ne l'a pas ; il avait celle d'aller sans réflexion cueillir à l'arbre et le voilà près de jardins, où il y a et des arbres et des fruits. On se promène, on pense aux jours d'enfance, on convoite, on va plus loin, on fait des projets d'invasion, de maraude, quel danger ! mais il ne le voit pas, il n'y pense pas.

Escalader un petit mur, un enclos, c'est un an de prison. A quoi tu vas t'exposer, oh ! cher jeune homme ! Cependant, la raison n'est pas assez forte ; un peu excité par d'autres jeunes gens aussi faibles, on exécute le projet. On avait craint un instant d'être surpris, mais quel bonheur ! l'action est faite, le danger a disparu ; l'angoisse de la crainte du moment est passé, quel soulagement !

Mais, le lendemain, le propriétaire fait des recherches; on a vu tel et tel rôder ; le coupable entend prononcer son nom : quel malaise, quelle inquiétude, quel trouble! on essaie en vain de chanter, mais on s'arrête par intervalles; on s'efforce de rire, de se distraire, mais le monstre de la peur vous prend par les épaules, vous secoue, vous ébranle, comme la tempête ébranle une forêt, et votre être est soumis à de pareilles plaintes, à de pareils transports. Sens-tu maintenant le prix de ton inconséquence? et tu n'en seras pas guéri demain, heureusement pour toi, car ce sera la dernière fois, tu te le promets, et ta sérénité d'esprit te revient, et, comme le délit n'était pas très-grave, te voilà guéri de bien plus grands dangers pour l'avenir.

O justice! ô juges! puisque vous voyez le combat que cause une mauvaise action, examinez donc, avec la plus scrupuleuse attention, avec la plus grande sagesse, les causes qui ont entraîné le pauvre jeune homme, isolé de conseils, isolé du bien qu'il a toujours possédé, à commettre un délit. Pardonnez jusqu'à trois fois, oh! que dis-je! plutôt, pardonnez toujours, ces malheureux enfants isolés, comme je viens de le dire, de leurs bons conseils, de tout ce qui les laissait honnêtes et leur empêchait la convoitise pour aller s'instruire dans leur métier et puiser dans de périlleux voyages une éducation qu'ils n'avaient pu puiser sur les bancs de l'école.

RÉCEPTION.

Jour solennel pour le jeune homme : il va être reçu compagnon.

Plusieurs compagnons, dès la veille ou quelques jours à l'avance, en grande tenue, cannes et couleurs, commandent l'assemblée ; et tous ces apprêts sont pour lui seul, qui va recevoir un titre de capacité d'abord, et puis ensuite, voilà un lien indissoluble formé entre lui et ses anciens camarades. Son titre augmente, on l'appelle frère, on s'est juré un concours mutuel, on vient de reconnaître la solidarité : il a donc une nouvelle famille.

Enfin, le moment de la cérémonie arrive ; il subit les épreuves d'usage ; on lui donne un nom d'après son tempérament, son caractère ; et, dès le lendemain, tout le monde s'apprête pour le banquet fraternel. C'est un grand jour de réjouissances. Au nouveau reçu tous les accueils ; tout le monde lui donne le baiser de paix, le baiser fraternel ! C'est pour son cœur une profonde joie ; c'est un souvenir ineffaçable.

Après dîner, les chansons fraternelles, les doux refrains, les chœurs, les accords, les promenades. Quels délicieux instants ; comme l'âme est heureuse ! quels dilatements ! quelle exaltation ! quelles douces larmes cachées dans les profondeurs de l'âme ! comme cette journée passe vite, cependant ! elle passe et le lendemain est encore un jour de fête ; on n'a plus le même nom : ce nouveau nom est une sorte de transformation de votre être ; il vous semble que vous n'avez plus la même signification. Tout le monde vous accoste, pour vous le demander, afin de connaître votre caractère ; tout cela vous apporte, pour ainsi dire, une existence nouvelle.

Le troisième jour, les joies de la table et de la cérémonie commencent à s'effacer pour faire place aux joies de l'atelier. Le courage redouble, vous voilà maintenant compagnon ; il faut éviter la raillerie, car désormais le travail doit être irréprochable.

Et, en effet, cette transformation subite de qualité est un motif sérieux de perfection.

CONDUITE.

Quelle est cette foule joyeuse, chantante, qui s'avance sur la route? c'est une société de compagnons qui vont faire la conduite à un des leurs qui change de ville, ou bien qui laisse le tour de France pour rentrer dans sa famille : en effet, celui-là rentrait,

Toutes les auberges sont une station ; on chante, on trinque et on repart.

La marche, les cannes et les chansons, tout se cadence, tout est joyeux, excepté lui, malgré son exaltation puisée dans la sympathie qu'il trouve chez tous ses frères compagnons.

Le terme arrive où l'on va quitter le jeune compagnon; on boit à la gourde commune. C'est la dernière communion; on le félicite, on lui donne un dernier conseil, une dernière recommandation ; et là vient le dernier baiser, la dernière poignée de main, le dernier adieu.

Le partant va de son côté, la conduite va de l'autre. Son cœur saigne de laisser ses amis de plusieurs années : ceux qui l'ont conseillé, conduit, en l'absence de ses père et mère. L'écho lui apporte de temps à autre les dernières paroles d'un couplet de ses chansons qui l'avaient parfois si mollement bercé. Et puis le silence, et puis de nouveau l'isolement, la solitude!

On est déjà fatigué, car aujourd'hui on a fait un peu d'*extra;* on boit à la première fontaine, on s'assied sur le premier gazon. Mais de grosses larmes, cette fois, passent dans les yeux pour tout de bon et en abondance.

L'absence de tes amis te cause donc bien de la peine ? Non-seulement eux, mais bien une femme que j'adore ; qui, hier encore, posait sur ma lèvre brûlante le plus suave des baisers ; qui me disait les paroles les plus douces, les plus enivrantes. Oh ! douleur de la séparation ! toi qui lui promettais de ne la jamais quitter; elle était attachée à ta vie, ainsi que toi à la sienne, et vous vous quittez! Oh! quel désespoir dans vos âmes! comme votre cœur est affecté! quels sanglots! quelle désolation! Pourquoi donc cette pénible séparation? Qu'il est cruel le destin qui vous sépare! et, je le vois, vous vous aimez, vous vous adorez. Oh! chers amants, votre douleur m'en fait éprouver une pareille, car je l'ai souffert ce mal de la séparation. Chaque jour il avance, il rêve, il soupire, en approchant du but qu'il désire atteindre : la famille, le retour.

Il repose une dernière fois dans le lieu même où il avait éprouvé la première fatigue du départ. Mêmes chants, mêmes joies dans la nature; il s'endort : mêmes rêves, mêmes combats, mêmes souvenirs. En un instant, toute sa vie repasse en lui le souvenir du calme et de la tempête. Et, quelques heures après, il était dans les bras de sa mère et parmi ses amis; l'accueil fut le dernier bienfait. On l'admirait, ainsi que sa canne; il montrait ses couleurs; on les trouvait charmantes. Pour lui, rien n'était changé; mais, pour la mère et les amis, le compagnon n'était plus le même : changement de physionomie, changement de langage; il s'était perfectionné, instruit, ce qui ajoutait à son bon maintien.

Toutes les joies du retour durèrent plus d'un jour, et, comme il était parfait ouvrier, on l'admirait encore. Son cœur saigne de l'absence de ses amis, compagnons de son doux âge, de sa douce affection, de sa bien-aimée! Mais ce qu'il retrouve : sa famille, ses anciens amis, son amie d'autrefois, les sentiers, les oiseaux, les lieux de sa naissance, tous les bons souvenirs qui lui sont rendus et le consolent. Et, après quelques longs jours, le calme, la méditation ramènent la sérénité.

Et puis, l'idée de devenir époux bientôt lui laisse encore au cœur quelque lueur d'espérance pour l'avenir.

Pouilly, le 13 décembre 1864.

AUX COMPAGNONS DE LYON.

Mes frères C...

De bien doux tressaillements pénètrent mon être en voyant la cause que j'ai défendue toute ma vie, encouragée, soutenue avec tant de bonne foi, tant de courage, d'amour et d'éloquence. Le triomphe en est assuré, puisque l'œuvre est commencée; vos paroles sont divines! Oui, c'est bien l'accent du dieu Amour qui passe en vos cœurs et se fait entendre par vos bouches. Paix, union, travail, lumière, prospérité! C'est la force, c'est l'amour, c'est la vie; c'est le paradis substitué à l'affreuxenfer sous le nom de: guerre, désunion, chômage, ignorance, ruine. O vérité, salut à toi, salut!... salut à vous tous, qui vous chargez de la défendre et de la faire triompher de l'erreur !

Je viens de lire votre programme avec une bien douce émotion, et j'ai le cœur bien satisfait ; seulement il aurait, à mon avis, besoin d'être plus complet, à moins, cependant, que votre règlement ne vienne y suppléer ; mais, si je ne me trompe, votre but n'est que la philanthropie, et ce n'est pas assez ; car vous auriez pu laisser percer le dessein de vous unir industriellement.

J'avais moi-même conçu un nouveau livre pour régénérer le compagnonnage ; j'avais annoncé cet ouvrage, intitué : l'*Avenir du Compagnonnage* (ensuite : le *Compagnonnage socialiste*), au dos d'un petit ouvrage que je publiai, il y a quelques années, et qui porte pour titre : *Évasion de l'Ile du Diable.*

Je comptais commencer ainsi que vous venez de le faire : convoquer les compagnons de tous les devoirs (ainsi que fit notre cher ami Perdiguier dernièrement à Lyon et dans bien d'autres villes qu'il visita), et là exposer tous mes motifs.

Voici, en quelques mots, ce que je pensais, et ce qui suffira dans ce volume pour expliquer mes vues à cet égard, laissant les autres considérations pour plus tard.

1° Tant que le compagnonnage ne sera propriétaire d'aucun monument, il ne saura et ne pourra prendre de la consistance ; il n'aura jamais de caractère sérieux (quelle religion subsisterait, si elle n'avait un temple), et il n'aboutira qu'à des avortements, résultat des demi-mesures ; il sera l'esclave du propriétaire où il vit et, conséquemment, son ennemi : de là la désharmonie.

Mais, lorsqu'il commencera à posséder, il lui viendra l'idée d'économie : de là sa prospérité, le commencement de sa puissance.

Voici donc ce que j'aurais proposé :

Acheter une maison, dans un quartier convenable ou bien une place à bâtir (et c'était à Lyon que j'avais pensé pour fonder le premier établissement), la raser et, avec le concours de tous les compagnons, la rebâtir. J'aurais d'abord provoqué une souscription en France et à l'étranger ; ou bien je me serais fait autoriser une grande loterie où l'on aurait délivré des billets chez toutes les mères. J'aurais appelé à la construction de cet édifice tous les ouvriers sans travail, compagnons unionistes, sociétaires indépendants, etc., etc., mais toujours au nom du compagnonnage. C'est donc avec du temps perdu, sans ressources, avec de purs chômages que j'aurais construit ce temple ou palais des travailleurs, ce qui eût été la rente du compagnonnage.

Je n'aurais, bien entendu, payé aucun travail ; j'aurais tout simplement pris note de leur temps, leur en aurais donné un bon, un titre; ils en auraient touché, eux ou leurs héritiers, la rente chaque année, selon son produit. J'aurais fondé la société pour cent ans. C'était tout simplement une compagnie; on eût facilement trouvé des fournisseurs de matériaux, ainsi que des fournisseurs de chômage, qui, seul, aurait construit cet édifice, sans compter le travail que les compagnons pouvaient s'imposer ;

car, une fois que l'homme a dans le cœur un immense amour, il s'impose bien des sacrifices, et d'autant plus que ce travail constituait une caisse d'épargne.

Cet établissement eût été le premier de ce genre; mais, une fois terminé, les autres villes eussent suivi cet exemple. De sorte que le jeune homme qui voyage pouvait se trouver dix fois (toujours par du temps non utilisé) actionnaire de ces sortes d'entreprises.

Le but de ces établissements était ceci :

1° D'établir le siége social de tous les compagnons : leur hôtel, ou temple, ou palais;

2° On aurait eu une bonne bibliothèque; on aurait établi des cours de dessin, de lecture, d'écriture et de mathématiques, etc., etc.;

3° Une vaste salle aurait été affectée à une exposition permanente de tous les chefs-d'œuvre de tous les corps de métiers sans distinction, sans privilége, et que j'aurais laissée publique certains jours de l'année, comme pour les grandes fêtes de réception, ce qui n'eût pas manqué de leur donner une grande solennité; et j'aurais fait payer 10 ou 20 centimes d'entrée en mainte autre circonstance, ce qui aurait servi d'encouragement aux exposants, afin de stimuler, d'encourager l'esprit de recherche;

4° J'aurais fondé toutes sortes d'associations dans le sein de cette vaste association, qui auraient eu leur siége dans l'établissement même de la société. On eût pu aussi fonder des associations de tonneliers, charpentiers, menuisiers, maçons, etc., qui auraient eu leur siége social dans l'hôtel et leurs chantiers hors la ville;

5° J'aurais réservé une partie de l'établissement pour une association pour magasin de comestibles, boucherie, boulangerie, etc., etc., fonctionnant pour la société et le public en général, et dans l'intérêt général seulement du compagnonnage : moyen facile d'avoir toutes sortes de marchandises au prix de revient; de cette façon mettre en rapport direct le producteur et le consommateur; de manière que l'homme devenait réellement majeur, affranchi de l'impôt mercantile qui pèse plus lourdement sur lui que l'impôt de l'Etat. Toutes les questions économiques devenaient à l'ordre du jour, et se seraient résolues journellement.

Voici en quelques mots l'ébauche, les données d'un vaste programme Si vous ne cherchez pas à le réaliser, votre œuvre philanthropique deviendra de la plus grande stérilité, et, bien certains d'échouer, vous n'existerez pas plus sans propriété qu'un vaisseau sans la mer.

Avec ce système, vous serez certains que tous les compagnons ou ouvriers, qui auraient fourni un capital-travail ou autre, vous enverraient au moins leur adresse pour recevoir leur rente, et ils n'oublieraient de la sorte jamais la société : ils y seraient attachés par la retraite.

Souvenez-vous que le travail dont vous parlez avec tant d'affection peut seul nous sauver. La philanthropie est charmante, mais insuffisante; et je dirai plus : que si vous faites ce que je vous conseille, la philanthropie n'aura plus sa raison d'être ; elle se trouvera résolue et fondue dans l'autre problème. C'est plutôt le chômage qu'il faut chercher à détruire que créer la philanthropie, parce que, dans ce cas, l'intérêt seul de ce capital-travail, déposé par chaque compagnon, lui suffirait pour parer une maladie ; en cas d'insuffisance, on aurait recours à la caisse générale ou fonds de réserve.

Mais, en somme, la Société aurait son médecin et sa pharmacie dans la maison même, et les malades pourraient même y être nourris, sans frais, une fois l'intérêt de leur capital absorbé.

Un article du règlement traiterait de la succession et de la vente des titres, etc., etc.

Oui, mes bons amis, il faut arriver à la solidarité; mais, par le travail, il faut constituer une véritable famille de compagnons; mais, je vous le répète, il vous faut des monuments, il faut étonner le monde par votre grandeur, sinon, vous aurez toutes les déceptions que je vous ai signalées plus haut; autrement que cela, ce sont des demi-mesures et les demi-mesures ont toujours échoué.

Il faut instruire, secouer l'ignorance, avoir pour religion l'étude de la science, des arts, de l'industrie et de la solidarité.

Puisque vous aurez la paix, vous pourrez semer en toute sécurité; vous n'aurez plus la guerre pour dévaster vos champs. Oh! quelle belle moisson vous prépareriez!

Mes chers amis, réfléchissez, réfléchissez!...

Et croyez-moi toujours un des grands serviteurs de la cause que vous défendez.

Votre frère et ami,

H. CHABANNE,

Dit Nivernais Noble-Cœur.

C. T. D. D. D. L.

D.·.

D.·. D.·.

Lyon, le 3 décembre 1864.

Frère et ami,

Nous avons reçu votre lettre et vous remercions de votre adhésion.

Plusieurs de vos compagnons, entre autres Maconnais et Bressan le Vainqueur, m'ont chargé de leurs compliments pour vous, ainsi que tous les compagnons.

Notre circulaire ne pouvait pas contenir la masse d'idées qui sont applicables au compagnonnage. Ce qu'elle contient n'est que la signification de ce qui motive notre société; c'est le cri du cœur, c'est le mot d'alarme lancé dans l'espace. Et nous sommes heureux de tous côtés; l'écho a répondu : Marchez, vous êtes dans la vraie voie. De tous les points de la France nous recevons des adhésions.

Certainement il y a bien à faire, mais avec l'aide de notre conscience, nous arriverons; notre organisation marche. Il serait trop long d'énumérer ici ce que nous voulons et pouvons faire.

Mais, en deux mots, nous voulons secourir nos frères, leurs femmes et leurs enfants malades, donner des pensions aux vieillards; nous voulons moraliser les jeunes et les instruire, créer des bibliothèques; prendre des abonnements aux journaux scientifiques; créer des collections de modèles, des cours professionnels de dessin, métallurgie, physique, chimie, etc., etc. Nous voulons donner la récompense aux jeunes compagnons en activité qui fréquenteront nos cercles et nos cours; nous voulons publier chaque année un annuaire du travail de la société et autres pièces relatives aux compagnons; nous voulons fondre tous les devoirs en un seul.

Voilà ce que nous voulons! Sans doute il y aura des bâtons dans les roues, comme on dit. Peu nous importe, nous avons la foi dans notre œuvre et nous réussirons. Seulement il nous faut des adhésions puissamment motivées et sérieuses; il nous faut de l'aide en un mot. Perdiguier, George Sand, Bruis, tous nous encouragent. Ainsi, vous le voyez, voilà toute notre affaire.

Les idées que vous émettez dans votre lettre sont excellentes, et nul doute que le jour soit prochain où les hommes seront mûrs pour l'accomplissement de la fraternité socialiste; aujourd'hui il faut les prendre tels qu'ils sont, et ne leur demander que ce que leur intelligence peut leur fournir, et les amener par l'instruction à comprendre leurs véritables intérêts.

Que ce jour soit loin ou près, je l'ignore; mais il viendra, c'est dans la marche des choses. Donc, espérons!

Votre tout dévoué,

G. CRESPIN,

Dit Lyonnais le bien Décidé,

Compagnon coutelier.

CHANSONS ET POÉSIES

LE PLUS BEAU JOUR DES COMPAGNONS.

Compagnons, nous pouvons chanter,
Grâce à la république :
Quand ce grand jour venait briller,
On était pacifique.
Les compagnons en union,
La faridondaine, la faridondon,
Parcouraient les rues de Paris,
    Biribi,
A la façon de barbari,
    Mon ami.

—

Oh! oui, ce devait être beau
Le jour de la concorde :
De la paix brillait le flambeau,
Soufflant sur la discorde.
Ce jour sauta plus d'un bouchon,
La faridondaine, la faridondon,

Croyez-le bien, mes chers pays,
Biribi,
A la façon de barbari,
Mon ami.

—

En tête étaient tous les rouleurs :
Bientôt on se rassemble :
Chacun, sa canne et ses couleurs!
Tous réunis ensemble,
On disait, sans distinction,
La faridondaine, la faridondon,
Que la paix se fasse aujourd'hui,
Biribi,
A la façon de barbari,
Mon ami.

—

Chacun goûtait le vrai bonheur,
On marchait sans rancune;
Nous chantions tous, avec ardeur,
Malgré notre infortune;
Tous les enfants de Salomon,
La faridondaine, la faridondon,
Jacques, Soubise étaient unis,
Biribi,
A la façon de barbari,
Mon ami.

—

Le jour, la nuit, le lendemain,
Chez l'une et l'autre mère,

On allait se serrer la main
Et se traiter en frère ;
On buvait chacun son canon,
La faridondaine, la faridondon,
Ah! c'était un vrai paradis,
Biribi,
A la façon de barbari,
Mon ami.

—

Oh! mes amis, sachez mon nom,
Car Noble-Cœur regrette
De n'avoir pu, lui, compagnon,
Assister à la fête.
Il aurait chanté sa chanson,
La faridondaine, la faridondon,
Et trinquer avec les amis,
Biribi,
A la façon de barbari,
Mon ami.

ADIEU DU PARTANT A SA MAITRESSE.

Air : *Nina, Nina, ma charmante.*

Je pars, adieu ma belle,
Un autre lieu m'attend.
Oh! reste-moi fidèle,
Je te serai constant.

J'aime ta voix charmante,
Me disant au revoir.
Je regrette, ô mon amante! } *Bis.*
Chaque doux baiser du soir!

—

Je garde en souvenance
Tes regards amoureux;
Le dimanche, à la danse,
Tes pas si gracieux;
Ta souplesse élégante
Que j'aimais tant à voir.
Je regrette, etc.

—

J'entends ta voix plaintive
Murmurer doucement;
Ta douleur excessive
Augmente mon tourment.
Une larme sanglante
Inonde ton mouchoir.
Je regrette, etc.

—

Ecoute, dans la plaine,
Ces joyeux compagnons,
Redire à perdre halcine
Ces joyeuses chansons.
Presse ma main tremblante
Et maudis mon devoir.
Reçois, ô ma douce amante! } *Bis.*
Le dernier baiser du soir.

Marguerite chérie,
Fais naitre les beaux jours,
Viens orner la prairie.
Doux nom de mes amours,
Sous mes pas renaissante,
Exerce ton pouvoir :
Reçois, pour ma douce amante, } *Bis.*
Chaque doux baiser du soir.

LA SOLIDARITÉ.

Air : *De l'Imitation de Jésus*, ou *de la Doloire.*

Enfants de tous compagnonnages,
Et vous, enfants de l'union,
Selon les mœurs de nos âges,
La paix doit faire faction. (*Bis.*)
Pour supprimer ces vieilles haines
Et protéger l'humanité,
Amis, pour dessouder nos chaînes,
Fondons la solidarité. (*Bis.*)

—

Que l'infâme dessein des crimes
Ait accompli son vil séjour,
Changeons en amis nos victimes,
Nos chants de guerre en chants d'amour. (*Bis.*)
Pour donner chacun à sa mère
Le fruit de la tranquillité,
Et charmer la main meurtrière,
Fondons la solidarité. (*Bis.*)

Du peuple, protéger les peines,
C'est le moyen que nous cherchons;
Que le sang bouillant de nos veines
Détruise le fer des démons. (*Bis.*)
Pour chasser bien loin la misère,
Sortant d'un enfer redouté,
Trouvër le paradis sur terre,
Fondons la solidarité. (*Bis.*)

—

Pourquoi trembler à l'apparence
D'un adversaire ou d'un ami?
Voyageons avec confiance :
Tout homme n'est pas ennemi. (*Bis.*)
L'union est un beau refuge
Où siège en paix l'égalité,
Pour ne pas engraisser un juge,
Fondons la solidarité. (*Bis.*)

—

L'amour est le dieu qu'on adore,
Non, non, sans lui pas de bonheur,
Plus de doux rêves à éclore,
Ni de bons sentiments de cœur. (*Bis.*)
Que ce dieu couronne nos têtes;
Avec des palmes d'équité
Faisons les plus douces conquêtes :
Fondons la solidarité. (*Bis.*)

TOUS LES HOMMES SONT FRÈRES.

AIR : *Après avoir pendant cinq ans.*

J'ai peur, j'ai honte, on vous maudit,
Quand, parmi vous, la guerre recommence :
Lorsque Perdiguier nous prédit
La paix, l'amour sur le beau tour de France.
Hélas! ne soyons plus rivaux,
Enfants chéris d'une féconde terre :
Quand Dieu nous a fait tous égaux, } *Bis.*
Pourquoi nous faisons-nous la guerre?

—

Êtes vous plus grands et plus forts?
Est-ce pour tous que le doux soleil brille?
Nous sentons les mêmes transports
Quand dans nos cœurs le feu divin pétille.
Êtes-vous meilleurs en travaux?
Répondez-moi! c'est à la voix d'un frère.
Quand Dieu, etc.

—

Possédons-nous, pour le repos,
Un lit plus doux, une meilleure table?
Souvent le vin du même clos
Nous fait chanter, nous rend le cœur aimable.
Pour nous les jours sont-ils plus beaux?
Aimer, serait-ce une triste chimère?
Quand Dieu, etc.

—

Votre devoir, vieux ou nouveau,

De jours meilleurs il n'est que le principe ;
S'il est plus sage, il est plus beau,
Amis, j'y crois, oh! qu'on y participe.
Plus de chômage! à nos travaux
Unissons-nous pour chasser la misère.

Quand Dieu, etc.

—

Sur le chemin, en voyageant,
Nous reposons tous sous le même ombrage.
Un frais léger, doux, séduisant,
Vient nous bercer sous ce charmant feuillage ;
Partout, dans les mêmes ruisseaux,
Chacun de nous, passant, se désaltère.

Quand Dieu, etc.

—

Qu'une douce fraternité
Fasse pousser le cri de délivrance ;
Il faut servir l'humanité,
Bons compagnons, notre chère espérance.
A l'instant, sortons nos bandeaux,
Quittons la nuit pour la sainte lumière.

Puisque Dieu nous fit tous égaux, } *Bis.*
Ne nous faisons jamais la guerre. }

UN MOT A TOUS LES COMPAGNONS.

AIR du *Capitaine noir.*

Voyageons sans danger, car la terreur n'est plus,
L'heureux destin la chasse.
Repoussons les abus
Et montrons que tout passe.
Enfants de Salomon,
Maître Jacques, Soubise,
Prenons tous pour devise
La plus sainte union. (*Bis.*)

REFRAIN.

Soyons tous frères,
Et plus de guerres;
Aimons-nous, mes amis,
Le devoir nous le dit.

—

Maintenant qu'il est doux, maintenant qu'il est doux
De voyager en France!
Plus de fourbes jaloux,
Tous, amis d'indigence,
Quand, sur le grand chemin,
Accablé de fatigue,
On trouvait sous intrigue
Son cruel assassin. (*Bis.*)
Soyons, etc.

—

Respect, oui, respect à chaque fondateur!

Supprimons les outrages ;
Mépris ou déshonneur
De ces luttes sauvages.
Que nos chants mélodieux,
Oubliant la discorde,
Prêchent paix et concorde,
En tout temps, en tous lieux. (*Bis.*)

Soyons, etc.

Compagnons réunis, faisons avec ardeur
La guerre à l'ignorance.
Chassons de notre cœur
La haine et la vengeance :
Ce vieux temps est passé,
La justice est sur terre,
Et maintenant la guerre,
C'est la fraternité ! (*Bis.*)

Soyons, etc.

Visitons, tous unis, ce beau palais d'amour,
Les beautés de la France,
Partons donc tour à tour,
Le cœur plein d'espérance ;
Tout renaît au printemps :
Vert gazon, frais feuillage,
Reposant à l'ombrage,
Redisons ces doux chants. (*Bis.*)

Soyons, etc.

Encore un mot, écoutez, chers pays,
Car ma chanson s'achève,
La paix, surtout, soyons unis!
Accomplissez mon rêve;
Suivez, de Noble-Cœur,
Enfants de Salomon,
Sa dernière leçon,
Le sentier de l'honneur. (*Bis.*)

REFRAIN.

Soyons tous frères,
Et plus de guerres!
Aimons-nous, mes amis,
Le devoir nous le dit.

LE PRINCIPE OUBLIÉ.

AIR : *Je le conserve pour ma femme.*

Je me souviens, mes amis, d'avoir lu
Des compagnons la véritable histoire,
Quand, dans leur sein un jour je fus élu,
De leurs bienfaits j'en ornai ma mémoire.
Dans ce temps-là, nos pieux fondateurs
Ne possédaient que talents, que tendresse.
Pour du vieux temps retrouver les douceurs,
Et du nouveau pour chasser les douleurs,
Regardez au fond de la caisse. (*Bis.*)

Oui, de la caisse.

Quand, sur la mer on lança ce vaisseau,
Des matelots, vertueux et sincères,
On admirait l'étendard le plus beau,
Et l'harmonie qui les rendait tous frères.
Sur l'Océan, ils voguaient chaque jour,
Et de doux vents nous conduisaient sans cesse;
Les flots unis contemplaient notre amour.
De ce vieux temps, pour fêter le retour,
Regardez au fond de la caisse. (*Bis.*)

Oui, de la caisse.

—

Quand le soleil se cachait à nos yeux,
Un même abri servait pendant l'orage;
Qu'un air impur nous troublât tous joyeux,
Pour le chasser on offrait son courage.
Et, maintenant, si l'un devait mourir,
Pour le sauver personne ne s'empresse;
Pas une main ne vient le secourir,
On n'aime plus ce que l'on voit souffrir :
On oublie le fond de la caisse. (*Bis.*)

Oui, de la caisse.

—

Comme l'oiseau qui cherche le printemps
Pour se plonger dans un nouveau délice,
Je cherche en vain, pour trouver ce vieux temps,
Son ciel si pur, l'équité, la justice.
Aurais-tu fui, toi, sublime devoir?
Sentier d'amour, tracé par la sagesse,
Chacun ressent le bonheur de te voir;

Mais pour cela, faudrait, matin et soir,
Visiter le fond de la caisse, (*bis*).
Oui, de la caisse.

—

Ton bras nerveux, par tous est redouté;
Ton nom fait peur, puisqu'on cherche ta ruine;
De mille horreurs chacun est dégoûté;
Plus d'une voix a dit : on m'assassine.
Le vice, hélas! germe dans tous les cœurs,
Et l'homme enfin est sans délicatesse,
Il méconnaît ses amis les meilleurs.
Si, parmi nous, venaient nos fondateurs,
Honteux, ils brûleraient la caisse, (*bis*)
La pauvre caisse.

—

Le jour s'enfuit sans un rayon d'amour,
A contempler la nuit n'a plus d'étoiles;
L'intimité ne fait plus son séjour,
Les beaux destins se sont munis de voiles.
Toi, qui jadis intriguais l'univers,
Sors du linceul où chacun te délaisse :
Ce vieux principe, accablé de revers,
Qui fleurissait malgré tous les hivers,
Flétrit dans le fond de la caisse, (*bis*)
Oui de la caisse.

LE RÊVE D'UN TONNELIER.

Air : *du Troubadour*, ou *de la Sentinelle.*

Vous m'éveillez! j'avais encor quinze ans,
Et j'embrassais ma bonne et tendre mère...
Là, je partais, à l'aube du printemps,
Pour acquérir les talents de mon père.

Rêve d'amour! oh! doux sommeil!
L'égalité charmait ma vie.
Brillait un rayon de soleil (*bis*)
Pour les enfants de l'industrie.

—

Vous m'éveillez! j'étais sur le chemin...
Je contemplais le gazon, le feuillage;
Puis, mille fleurs écloses le matin;
Le rossignol égayait le bocage.

Rêve d'amour, etc.

—

Vous m'éveillez! j'arrivais à Màcon,
Où je trouvais plus d'un ami sincère,
Dans le saint lieu de ma réception :
Tous ces amis me connaissaient pour frère.

Rêve d'amour, etc.

—

Vous m'éveillez! et j'étais tout joyeux,
Car dans mes bras j'avais ma Marguerite.

Aux doux accents de son cœur amoureux,
Tout délirant, j'admirais son mérite.

Rêve d'amour, etc.

—

Vous m'éveillez! et tous les compagnons
Étaient unis au banquet de la vie;
Nos fondateurs entonnaient des chansons;
Et nous, en chœur, répétions l'harmonie...

Rêve d'amour, etc.

—

Vous m'éveillez! la plus douce union
Régnait enfin partout sur mon passage...
Va, Noble-Cœur, me disait Salomon,
Avec ardeur achève un noble ouvrage.

Rêve d'amour! oh! doux sommeil!
L'égalité charmait ma vie,
Brillait un rayon de soleil (*bis*)
Pour les enfants de l'industrie.

LE DÉPLAISIR DU TOUR DE FRANCE

DANS LE VIEUX COMPAGNONNAGE.

Air : *Voilà c' que c'est que le tour de France.*

On dit que de bien doux plaisirs
Le compagnon se désaltère,

Et moi, dans mes simples loisirs,
Je vais vous prouver le contraire.
Il est prudent de voyager
Pour se munir d'expérience;
Mais aussi, voyez le danger,
Ensuite vous pourrez juger
Ce que c'est que le tour de France. (*bis*)

—

C'était pour la première fois
Que je quittais ma bonne mère;
On dit que de subir ses lois
C'est un tourment, une chimère.
Moi, je pleurais avec douleur;
Et, quittant mes amis d'enfance,
Je sentis mon sensible cœur
Qui n'éprouvait plus de bonheur :
Voilà c' qu'est l' tour de France.

—

J'étais déjà sur le chemin,
Aussi confiant que volage;
On vient me traiter de gamin,
Me disant de passer au large.
Enfin je demandai pourquoi?
Mais je sentis mon imprudence :
On allait s'élancer sur moi :
Furie qui me glaça d'effroi.
Voilà, etc.

—

Malgré le mépris, le dédain
Puisé dans mon premier voyage,

Je me vis enchaîné soudain
Dans le sein du compagnonnage;
On m'excita, moi, jeune enfant,
Au mépris, puis à la vengeance;
Et j'allais devenir méchant,
Lorsqu'autrefois j'étais aimant.

Voilà, etc.

—

Le premier dimanche du mois,
Je portais un franc à la caisse;
Et cela servait quelquefois
A de grands faiseurs de prouesse;
Car, s'il survenait un procès
Dans une lutte d'ignorance,
Payer les blessés, puis après,
On ne fait pas grâce des frais.

Voilà, etc.

—

Moi, je veux, sans distinction,
Aimer tous les hommes sensibles,
Et n'aurai pas d'ambition
Pour des haines toujours nuisibles.
Je n'aime plus les compagnons
Qui n'agissent pas de prudence.
Mais, si la paix vient, nous dirons,
Tous ensemble, nous chanterons:
Vive à jamais le tour de France. (*bis*)

LE DEVOIR D'UN COMPAGNON.

AIR : *de la Chasse.*

Amis, si vous daignez m'entendre,
Ecoutez bien cette chanson,
Ton, ton, ton, tontaine, ton ton;
En deux mots, je veux vous apprendre,
Le devoir d'un vrai compagnon,
Ton, ton, tontaine, ton, ton.

—

Du querelleur fuyez la trace,
Suivez une bonne leçon;
Ton, ton, ton, tontaine, ton ton;
Car avec toute son audace,
On le met souvent en prison,
Ton, ton, tontaine, ton ton.

—

D'abord, dis-moi qui tu fréquentes,
Rappelez-vous ce vieux dicton,
Ton, ton, ton, tontaine, ton ton.
On trouve plutôt que des rentes
Une mauvaise occasion,
Ton, ton, tontaine, ton ton.

—

Il faut être prudent et sage
Comme le grand roi Salomon,

Ton, ton, ton, tontaine, ton ton,
Pour acquérir dans le voyage,
De la science et du renom,
Ton, ton, tontaine, ton ton.

—

Lorsque vous quittez une ville,
Ne passez jamais pour fripon;
Ton, ton, ton, tontaine, ton ton.
Travaillez bien, soyez tranquille,
L'argent va venir à foison,
Ton, ton, tontaine, ton ton.

—

Si vous avez une maîtresse,
Soyez près d'elle bon luron,
Ton, ton, ton, tontaine ton ton.
En témoignant votre tendresse,
N'accourcissez pas le jupon,
Ton, ton, tontaine, ton ton.

—

Si vous trouvez un adversaire,
Soyez toujours sensible et bon,
Ton, ton, ton, tontaine, ton ton.
Le soulager dans sa misère,
C'est le devoir d'un compagnon,
Ton, ton, tontaine ton ton.

—

Que l'égalité soit un gage
De notre bonne intention,

Ton, ton, ton, tontaine ton ton.
Aimons-nous tous, et plus d'outrage,
Noble-Cœur vous donne le ton,
Ton, ton, tontaine ton ton.

GUERRE A L'IGNORANCE.

AIR : *Je le conserve pour ma femme.*

Entendez-vous crier à l'assassin?
C'est, disait-on, ce vil compagnonnage ;
Il va verser au milieu du chemin
Un sang brûlant en sa lutte sauvage.
Oui, du mépris on vient nous couronner,
Quand dans nos mains nous avons la science.
Soyons d'accord, faisons-nous respecter,
Chers compagnons, pour nous émanciper,
Faisons la guerre à l'ignorance. (*bis*)

—

Hélas! pourquoi ce destin si fatal?...
O mes amis, aimons-nous donc en frères...
Se battre ainsi, c'est singer l'animal,
Et dégrader les peuples de la terre.
Unissons-nous à ce code accepté
Et répétons ce cri d'indépendance :
Gloire au devoir, à la fraternité,
Et que chacun, dans sa société,
Fasse la guerre à l'ignorance. (*bis*)

—

Dans les plaisirs, comme dans les revers,
Songeons toujours à cette noble tâche;

En parcourant la France et l'univers,
Pensons, amis, à l'attaque d'un lâche;
Si le hasard nous offrait en chemin
Un pauvre émule accablé de souffrance,
Secourons-le, qu'on lui serre la main;
Pour accomplir le plus heureux destin
Faisons la guerre à l'ignorance. (*bis*)

—

Oui, chers pays, le plus noble devoir,
C'est le travail, utilité suprême;
Chacun révère un glorieux savoir,
Et sur le front lui pose un diadème.
Dans ce travail formé par ses sueurs,
Tout travailleur attend sa récompense;
Bientôt, bientôt, les temps seront meilleurs;
Pour être tous de terribles vengeurs,
Faisons la guerre à l'ignorance. (*bis*)

—

Souvenons-nous d'un de nos plus beaux jours:
Paris! Paris! jour de noble concorde...
Électrisés de merveilleux discours,
Là, nous avons écrasé la discorde.
Apparaissaient la paix et l'union,
Fondant en nous la plus douce espérance,
On établit la constitution,
Qui de la haine éteignait le tison,
Faisons la guerre à l'ignorance. (*bis*)

—

En compagnon j'aime ma liberté;
C'est du Devoir le titre magnifique:

De Salomon j'admire l'équité,
Car je comprends sa douce politique.
Espérons tous, vous dira Noble-Cœur,
Mais n'allons pas retomber en enfance;
Avec la paix, la franchise et l'honneur,
Le compagnon demeurera vainqueur :
Faisons la guerre à l'ignorance. (*bis*)

L'ALLIANCE DE TOUS LES DEVOIRS.

Au ciel est-il un Dieu
Pour conjurer la haine,
Pour briser cette chaîne,
Dans notre âme de feu,
Je m'impose des lois,
Par un pacte nouveau,
Et veux, jusqu'au tombeau,
Chanter à pleine voix :

Compagnons de tous les Devoirs,
Chantons et buvons à la ronde;
Que l'union, source féconde,
Protége nos pouvoirs.

Que sont-ils devenus
Ces rêves d'espérance,
Les fruits de la science

De longtemps attendus?
Que nos bras vigoureux
Redoublent de courage,
Éloignons l'esclavage
Et soyons plus heureux.

Compagnons, etc.

—

Pour nous porter secours,
Nous aimer, nous chérir;
Pour un doux avenir,
Conservons nos beaux jours.
En faisant de doux vœux,
Allons lever le voile,
Cachant la blanche étoile
Qui brille dans les cieux.

Compagnons, etc.

—

Si quelque audacieux
Voulait nous désunir,
Ne laissons pas ternir
Ce code merveilleux;
Si, de l'égalité,
On cherche le trépas,
Accourons à grands pas
Vers l'immortalité.

Compagnons, etc.

—

Etouffons la terreur,
Promenons nos pensées

Des vieilles renommées
Au chemin de l'honneur.
Voyant, souvent au loin,
Venir un adversaire,
On lutte, et c'est un frère
Que l'on a pour témoin.

Compagnons, etc.

Du sage Perdiguier,
Amis, suivons la trace;
Comme lui, sans audace,
Il faut nous distinguer.
Puis, suivez les leçons
Que vous donne, d'honneur,
Votre ami Noble-Cœur
Dans ses quelques chansons.

Compagnons de tous les Devoirs,
Chantons et buvons à la ronde;
Que l'union, source féconde,
Protége nos pouvoirs.

CONSEILS D'UNE MÈRE A SON FILS.

AIR : des *Grenadiers*.

Tu veux partir, ô mon enfant!
Ingrat, tu veux quitter ta mère...
Vois donc mes pleurs, vois mon tourment,
Partage ma douleur amère.

Toi, mon soutien, toi, mon appui,
Seul héritier de ma tendresse,
Le protecteur de ma vieillesse,
Quoi! m'abandonner aujourd'hui!
Non, plus de bonheur dans la vie,
Si loin, si loin de mon trésor.
Ah! ce départ me donnera la mort :
Reste avec moi, je t'en supplie.

REFRAIN.

Je reviendrai, calme tes pleurs;
Conserve la douce espérance :
Avec ma canne et mes couleurs
Je vais finir le tour de France.

—

O mon enfant! souviens-toi bien
Des rixes du compagnonnage.
Sois son appui, mais sois le mien;
Reste toujours prudent et sage.
Si, menacé par le danger,
Frappé par un abus infâme,
Oh! songe à moi! viens en mon âme :
C'est un moyen de se venger.
Que toujours ta noble franchise
T'accompagne dans tous les lieux;
Toujours humain, aime les malheureux,
Prends l'égalité pour devise.
Je reviendrai, etc.

—

Tu es enfant de Salomon;
Ce roi fut surnommé le sage;

Suis son exemple et ma leçon,
Conserve toujours ton courage.
Ton devoir est de Liberté :
Ce titre est doux et magnifique ;
Tu le tiens du roi pacifique ;
Fais respecter ce mot sacré.
Aime tout homme comme un frère,
Aimer, c'est le plus doux bonheur :
Fraterniser est un charme du cœur
Qui met en fuite la misère.

Je reviendrai, etc.

—

Il s'éloignait, triste destin !...
Elle pleurait, la pauvre mère...
Et son regard, sur le chemin,
Suivait une démarche fière.
Mais, disait-elle avec douleur :
Pour mettre fin à ma souffrance,
Toi, dont je protégeai l'enfance,
Reviens bien vite, Noble-Cœur !
Adieu, adieu, mère chérie,
Adieu, adieu, mon cher enfant.
Et loin, bien loin, il disait en chantant
Ces mots qui prolongeaient sa vie :

Je reviendrai, calme tes pleurs,
Conserve la douce espérance :
Avec ma canne et mes couleurs, } *bis.*
Je vais finir mon tour de France. }

BLUETTE.

AIR : *Du Bouquet d'aubépine.*

Quand la nuit fait éclore
Le jour, (*bis*)
J'aime rêver encore
L'amour. (*bis*)
Et quand je me recueille
En pleurs, (*bis*)
Dès l'aurore j'effeuille
Des fleurs. (*bis*)

—

J'aime, par la campagnè,
Courir;
Au bas de la montagne
Dormir;
Sentir quand je sommeille
Des pleurs;
Trouver, quand je m'éveille,
Des fleurs.

—

Quand mon amant volage,
Le soir,
Vient sous le frais feuillage,
Me voir,
Pour charmer son ivresse
En pleurs,
Je pare ma jeunesse
De fleurs.

J'aime, dans un doux songe,
La nuit,
Ce précieux mensonge
Qui fuit;
Voir l'amant que j'adore,
En pleurs,
Me rapporter encore
Des fleurs.

A MARIE P...

SEULEMENT LA VOIR.

Bonne chérie,
Je vous en prie,
Venez nous voir;
Peut-on comprendre
Qu'on puisse attendre
Jusqu'à ce soir?

—

C'est qu'on vous aime
Plus que soi-même,
Oh! cher amour!
Plus que les roses,
Fraîches écloses;
Plus que le jour.

—

Plus que la vie
Qui nous convie

A vous aimer;
Plus que l'eau pure
Dans la verdure
Aime à couler.

—

Mais l'espérance
Me dit d'avance
Qu'on va venir.
Bonheur extrême!
C'est elle-même,
Je peux partir.

PREMIÈRES PENSÉES.

Viens m'éclairer, ô poésie!
Comme un brillant flambeau, la nuit;
Viens, descends, mon âme saisie,
Trouve des sens et te poursuit.
Oh! viens protéger mon délire,
M'aider de ta divine lyre,
M'échauffer de ton doux soleil,
Rêver dans mon sommeil!

—

Il est doux, dans une nuit pure,
De respirer un vent léger,
L'air embaumé de la nature
Qui, surtout, va se diriger;

D'admirer l'étoile filante,
Passer, rapide et frémissante,
Suspendue au bleu firmament
Comme un clair diamant !

—

Bien plus, j'aime, dans le bocage,
Les doux chants des petits oiseaux,
Se perdant sous le feuillage
Et répétés par les échos.
Puis voir l'amoureuse femelle
Cacher ses petits sous son aile,
Pour qu'ils chantent comme eux, un jour,
En liberté, l'amour !...

—

Que j'aime à voir, par la campagne,
Les bergers, et leurs blancs agneaux
Qui bondissent sur la montagne,
Et leurs chiens veillant aux troupeaux !
Tandis que leur voix palpitante
Qu'excite leur âme brûlante,
Jette à l'écho leurs chants joyeux
Qui les redit aux cieux !

—

En lisant la *Chute d'un ange*,
Ouvrage tout harmonieux !...
Admirer ce pieux mélange
Qui rend le lecteur amoureux ;
Et dans ces phrases qu'on adore,
Heureux de se bercer encore
Auprès de Cédar et Yda,
Vers leur bon Jéhova !...

UN SALON DE COIFFURE A NEW-YORK.

Il est un lieu, dans cette capitale,
Où le printemps semble toujours régner!
Temple de fleurs dont le parfum s'exhale
Pour le blanc cygne heureux de se baigner.
C'est une mer pour la blanche mouette
Qui vient plonger sur le flot caressant!
C'est un étang pour la tendre alouette
Qui vient laver ses ailes en passant!

—

Contemplez donc : c'est un jardin fertile,
Où chaque fruit porte un germe au milieu;
Tout se crée là sous une main habile
Qu'on pourrait croire être celle d'un Dieu!
En un instant les tiges négligées
Changent d'aspect sous l'esprit novateur!
Comme un dessin formé par des fumées,
Comme une natte à la main du coiffeur.

—

Le bon vieillard aux longs cheveux de neige
Sort transformé du lieu mystérieux;
Devenu jeune et léger comme un liége,
Sa voix fredonne un air mélodieux!
Puis les enfants ressemblent à des anges!
Planant dans l'air que caresse leur vol,
Que l'on croit voir de divines phalanges,
Tomber des cieux pour orner notre sol!

Pendant le temps de ces métamorphoses,
De purs miroirs vous prêtent leur concours.
On se croirait sur des sophas de roses!
Et caressés par la main des amours.
Quand vous entrez dans ce lieu de délices,
Vous ne pouvez qu'en sortir satisfait.
Allez, courez : il offre ses services.
Ce cher Dupraz, il vous coiffe au parfait.

DÉDIÉ A CH. CARPEZA.

Je l'ai chassé! Dieu! quelle âme de glace!
Je l'ai chassé sans lui dire au revoir!
Dans cette chambre il n'aura plus sa place ;
Il est parti!... reviendra-t-il me voir?
Il supplia, je ne voulus l'entendre;
Je l'ai chassé!... mais je ne sais pourquoi
Mon cœur meurtri daigne encore l'attendre;
Ah! s'il pouvait souffrir autant que moi!

—

Il reviendrait, et son pardon, j'espère,
Me laisserait respirer ses douceurs,
Car, j'ai choisi un moment de misère,
Pour augmenter de trop grandes douleurs!
Que m'a-t-il fait, pour qu'ainsi je le blesse?
Rien! que du bien! mais il connaît mon cœur;
Il saura bien que c'est de la faiblesse,
Il daignera pardonner mon erreur!

Ne sens-tu pas que mon âme t'appelle ?
Viens, pauvre ami ! toi ! je t'ai fait souffrir !
Le repentir, en moi, se renouvelle
A chaque instant; et je voudrais t'offrir
Ce que je peux, comme, en notre misère,
Je t'offrais l'œuf à l'oiseau dérobé,
Le miel béni, trouvé dans la prière...
Le miel de vie qui du ciel est tombé !...

—

Et ces doux fruits, ces superbes oranges !...
La sapotille au savoureux parfum !...
Cueillis pour moi par de blanches mains d'anges,
Qui gaiement me les apportaient. Eh bien !
J'étais heureux ! car j'allais, la main pleine,
A la prison, et c'était mon bonheur
D'aller, joyeux, les verser dans la sienne !
Puis aujourd'hui je le chasse. O douleur !...

Il avait offensé une dame qui avait été pour nous très-généreuse, à qui j'envoyai le quatrain suivant, pour implorer son pardon.

A MADAME T.....

Si quelque chose vous afflige,
Imitez ce bienfait divin :
La fleur qu'on enlève à sa tige
Et qui vous laisse son parfum.

A MADEMOISELLE P. B...

La danse commençait, et j'étais à l'orchestre ;
Les instruments soumis conduisaient les danseurs
Indécis, froids encore, et l'on vous vit paraître
Touchant à la verdure, embellissant les fleurs.
Vos yeux étincelaient, vous étiez tout émue !
    Pourquoi? Suis-je indiscret?
Quelqu'un que vous aimiez frappait-il votre vue?
    C'est là votre secret.

C'est là votre bonheur, car il est un mystère;
Et qu'un bien vieux mystère est pour jamais nouveau,
Et que la nouveauté, c'est ce que l'on vénère,
Fût-ce l'objet moins bon, moins vrai, moins doux, moins beau !
Aimez donc, cher enfant, puisque Dieu vous l'ordonne,
    Qu'il vous a faite ainsi;
Puisque ce doux péché, toujours il le pardonne,
    Dites-lui donc : Merci !

Être aimé, le penser, le savoir, oh ! c'est vivre !
Être aimé par un être adorable et l'ouïr,
Est-il rien d'aussi doux ? mourant, on peut revivre,
Et, dans un tendre émoi, de même on peut mourir.
Oh ! mais qu'importe alors, le doux amour qui ronge
    L'attristante froideur !
Qu'importe le destin qui prend l'âme et la plonge
    Dans un flot de bonheur !

Un jour je vous l'ai dit : passant par la prairie,
Belle comme une fleur qui va s'épanouir !
Je vous vis, j'accourus et mon âme ravie
Respira son parfum, garda le souvenir.
Oh ! gardez à jamais votre chaste prestige,
    Votre douce candeur !
Vous ceuillir, vous flétrir, non, restez à la tige,
    Car c'est là le bonheur.

—

« Le bonheur, disiez-vous, quelquefois on le touche. »
Et je les écoutais ces mots pleins de douceur,
Frémissants, enivrants, sortant de votre bouche
Comme un parfum léger pour embaumer mon cœur.
Mon cœur flétri déjà, mais doux comme l'aurore,
    Le vôtre lui parlait ;
Il se rajeunissait, et comme il aime encore,
    En silence il pleurait.

—

C'est qu'une larme, enfant, est la sœur d'un sourire,
D'un soupir, d'un baiser, d'un mot confidentiel :
C'est bien plus qu'on ne sent, bien plus qu'on ne peut dire,
C'est un écho qui frappe à la voûte du ciel ;
C'est une vérité ! C'est une chose immense
    Qui va vers l'infini !
Un espoir, un flambeau, un destin qui commence
    Dans un destin fini.

—

Oh ! lorsque la musique et touchante et plaintive
Modulait tendrement ses airs harmonieux,

Je m'empressais, tremblant, de ma voix trop craintive,
D'exprimer le bonheur qui passait dans vos yeux.
Hélas! quand, dans ma main la vôtre frémissante,
Doucement la pressait,
Mon bras vous enlaçait d'une étreinte puissante,
Et mon âme rêvait.

—

Mais rêver! c'est trop peu; puis rêver à mon âge
Quand toute illusion vient de s'évanouir;
Cependant de mon cœur il passait un nuage
Qui laissa mon bonheur tendrement m'éblouir!
Doux éblouissement, instant heureux, superbe,
Adorable chaleur!
Je revoyais la fleur éclatante dans l'herbe,
Ah! c'était le bonheur!

—

Oh! qu'est-il le bonheur? C'est le soleil de l'âme,
Ardent et doux foyer d'où lui vient sa chaleur.
Ce n'est qu'à son contact qu'elle épure sa flamme
Pour la donner plus douce aux amis de son cœur.
Mais qu'est-il, direz-vous? toujours au long silence
Succède un long ennui :
Il est la liberté, l'amour et l'espérance,
C'est le bonheur, c'est lui!

—

Quand l'écho de deux voix
Dit la même pensée;
Que l'âme fait son choix
Et n'est point déguisée,

Pour venir en ce jour
Épancher son amour
Sur l'ami de son cœur,
Ah! c'est là le bonheur!

—

Il est le ciel, il est la terre,
C'est-à-dire, esprit et matière :
Il est quand on possède un jour
L'espoir, la liberté, l'amour!

A MADEMOISELLE L. B..., A NASHVILLE.

—

Je sais bien un lieu que j'aime
A l'extrême,
Sous des saules éplorés
Adorés.
L'oiseau, dans ce doux feuillage,
A l'ombrage,
Embellit ces lieux charmants
Par ses chants!
Une eau ruisselle et serpente,
Pure et lente,
Au milieu des visiteurs
Et des fleurs.
L'espérance y fait son gîte,
Et bien vite
On vient lui faire sa cour
Tour à tour.

C'est là qu'une gaieté folle
Fuit, s'envole,
Dans des chants harmonieux,
Vers les cieux.
Le gazon est une mousse
Aussi douce,
Que l'on peut s'y reposer
Et rêver!
En venant de chez Colette,
C'était fête,
De s'arrêter un moment
Avec Grand;
De s'asseoir près d'une table
Confortable,
Où nous écrivions des vers
De travers.
C'était sous un arbre énorme
Tout difforme!
Mais l'ombrage était si frais
Que jamais
Les buveurs n'ont pu se dire,
Sans sourire,
Qu'ils aimaient, et qu'ils vivaient,
Le savaient;
Ni Thildé, ni Léontine,
Ni Catherine
N'oseraient pas! nom de nom!
Dire : Non!
Bacchus et Vénus ensemble,
Il me semble,
Ont arrosé ces beaux lieux
De vin vieux
Qu'ils apportaient de la France,
On le pense!

Car on n'en fait point ici,
Du Pouilly;
Ni Mâcon couleur aurore!
Moins encore
Ces vins brûlants des coteaux
De Bordeaux!
N'ont-ils point bu le madère
A plein verre?
Ni le champagne mousseux,
Généreux.
Mais on dirait qu'il nous touche
A la bouche,
Quand nous ne boirons ici
Que Whisky!
L'eau minérale et la bière
Trop amère!
Parlons plutôt de nos dieux
Amoureux!
L'air joyeux qu'on y respire
Peut le dire
Que quelques dieux qui s'aimaient
L'habitaient.
Parlez-vous, fleurs printanières,
Les premières,
Les avez-vous vus chantants
Ou dansants?
Et vous, chères tourterelles,
Hirondelles,
Qui cherchez de si longtemps
Les printemps,
Quand vous visitiez la nue
Inconnue,
Qui préservait leur sommeil
Du soleil!

Leur entendîtes-vous dire
Et redire,
Qu'ils s'aimaient plus que la fleur,
La fraîcheur ?
Toi, nuage, sous ton ombre,
Toi, nuit sombre,
Les as-tu vus tressaillir
De plaisir?
Ne pleuraient-ils pas sans cesse
De tendresse,
Lorsqu'ils descendaient des cieux,
Dans ces lieux ?
Si j'y trouvais mon amie,
Endormie,
Sur son front, j'irais poser
Un baiser!
Un baiser pur comme l'onde
Qui m'inonde,
Et passe en flots de bonheur
Dans mon cœur!
S'il vient à troubler son rêve
Et l'achève;
Qu'elle r'ouvre ses beaux yeux
Langoureux,
Je lui dirais que mon âme
Est de flamme,
Et qu'elle est plus pure encor
Que de l'or!
Je lui dirais que je l'aime!
Et Dieu même
Ne saurait m'en empêcher,
Sans pécher!
Que sa bouche est une rose
Fraîche éclose!

Aussi belle que le feu!
        Qu'un ciel bleu!
Que son sourire est d'un ange!
        D'un archange!...
Tant il est doux et charmant,
        En passant!
Mais si l'amour vient éclore
        A l'aurore,
Ainsi qu'un bouton vermeil
        Au soleil!
Que son haleine embaumée,
        Bien aimée,
M'en laisse un parfum léger,
        Voltiger;
Qu'on prenne, dans sa jeunesse,
        Sa tendresse;
Qu'on obtienne pour un jour
        Son amour;
Puis, que son cœur s'abandonne
        Et se donne,
On ne pourrait qu'en mourir
        De plaisir!

FIN.

TABLE DES MATIÈRES.

CHANSONS.

FIN DE LA TABLE.

Paris. — Typ. Walder, rue Bonaparte, 44.

ERRATUM.

Page 105, 2e paragraphe, 2e ligne, lisez : *Son produit.*

Page 232, 2e couplet, dernière ligne, lisez :

Voilà c' que c'est que l' tour de France.

Page 234, lisez : *Ton, ton, ton, ton.*

PARIS. — TYPOGRAPHIE WALDER,
Rue Bonaparte, 44.